सामाजिक मीडिया अ

रवीन्द्र प्रभात

"SAMAJIK MEDIA AUR HAM" (Critic in Hindi)
Written by **Ravindra Prabhat**
& Published by **Xpress Publishing** An Imprint of
notionpress.com

सामाजिक मीडिया और हम
(आलोचना)

भाषा: हिन्दी
लिपि: देवनागरी

लेखक: रवीन्द्र प्रभात

© सर्वाधिकार लेखकाधीन (Author)

प्रथम संस्करण: जनवरी 2020

प्रकाशक: एक्सप्रेस पब्लिशिंग वाया नोशन प्रेस, ओल्ड नं. 38, न्यू नं. 6, मैकनिकोल्श रोड, चेटपेट, चेन्नई—600031,तमिलनाडू भारत

मुद्रक: नोशन प्रेस मीडिया प्राइवेट लिमिटेड, ओल्ड नं. 38, न्यू नं. 6, मैकनिकोल्श रोड, चेटपेट, चेन्नई—600031,तमिलनाडू भारत

पृष्ठ: 208 (पेपरवैक)
मूल्य: ₹ 350/-

ISBN 978-1-64805-562-1

"Samajik Media Aur Ham" (Critic in Hindi)
Written by **Ravindra Prabhat** & Published by **Xpress Publishing** An Imprint of **Notion Press,** Old No. 38, New No. 6, McNichols Road, Chetpet, Chennai-600 031, Tamilnadu, India.

अनुक्रमणिका

सामाजिक मीडिया और
हमारी प्रेरक अभिव्यक्ति

आज के दौर में बेहद ताकतवर माध्यम है सामाजिक मीडिया। एक ऐसा वर्चुअल वर्ल्ड, एक ऐसा विशाल नेटवर्क, जो इंटरनेट के माध्यम से आपको सारे संसार से जोड़े रखने में समर्थ है। द्रुत गति से सूचनाओं के आदान–प्रदान और पारस्परिक संचार का एक बहुत सशक्त माध्यम है

सामाजिक मीडिया। यह मीडिया जिसे वैकल्पिक मीडिया भी कहा जाता है पारस्परिक संबंध के लिए अंतर्जाल या अन्य माध्यमों द्वारा निर्मित आभासी समूहों को संदर्भित करता है। यह व्यक्तियों और समुदायों के साझा, सहभागी बनाने का माध्यम है। इसका उपयोग सामाजिक संबंध के अलावा उपयोगकर्ता सामग्री के संशोधन के लिए उच्च पारस्परिक मंच बनाने के लिए मोबाइल और वेब आधारित प्रौद्योगिकियों के प्रयोग के रूप में भी देखा जा सकता है।

दुनिया में दो तरह की सिविलाइजेशन का दौर शुरू हो चुका है, वर्चुअल और फिजीकल सिविलाइजेशन। आने वाले समय में जल्द ही दुनिया की आबादी से दो-तीन गुना अधिक आबादी अंतर्जाल पर होगी। दरअसल, अंतर्जाल एक ऐसी टेक्नोलाजी के रूप में हमारे सामने आया है, जो उपयोग के लिए सबको उपलब्ध है और सर्वहिताय है। सोशल नेटवर्किंग साइट्स संचार व सूचना का सशक्त जरिया हैं, जिनके माध्यम से लोग अपनी बात बिना किसी रोक-टोक के रख पाते हैं। यही से सामाजिक मीडिया का स्वरूप विकसित हुआ है।

सोशल मीडिया एक अपरंपरागत मीडिया (nontraditional media) है। यह एक वर्चुअल वर्ल्ड बनाता है जिसे इंटरनेट के माध्यम से पहुंच

बना सकते हैं। सोशल मीडिया एक विशाल नेटवर्क है, जो कि सारे संसार को जोड़े रखता है। यह संचार का एक बहुत अच्छा माध्यम है। यह द्रुत गति से सूचनाओं के आदान–प्रदान करने, जिसमें हर क्षेत्र की खबरें होती हैं, को समाहित किए होता है।

सामाजिक मीडिया के जरिए किसी भी व्यक्ति, संस्था, समूह और देश आदि को आर्थिक, सामाजिक, सांस्कृतिक और राजनीतिक रूप से समृद्ध बनाया जा सकता है। हम ऐसे कई उदाहरण देखते हैं, जो कि उपरोक्त बातों को पुष्ट करते हैं जिनमें 'INDIA AGAINST CORRUPTION' को देख सकते हैं, जो कि भ्रष्टाचार के खिलाफ महाअभियान था जिसे सड़कों के साथ–साथ सामाजिक मीडिया पर भी लड़ा गया जिसके कारण विशाल जनसमूह अन्ना हजारे के आंदोलन से जुड़ा और उसे प्रभावशाली बनाया।

2014 के आम चुनाव के दौरान राजनीतिक पार्टियों ने जमकर सोशल मीडिया का उपयोग कर आमजन को चुनाव के जागरूक बनाने में महत्वपूर्ण भूमिका अदा की थी। इस आम चुनाव में सामाजिक मीडिया के उपयोग से वोटिंग प्रतिशत बढ़ा, साथ ही साथ युवाओं में चुनाव के प्रति जागरूकता बढ़ी। सामाजिक मीडिया के माध्यम से ही 'निर्भया' को न्याय दिलाने के लिए विशाल

संख्या में युवा सड़कों पर आ गए जिससे सरकार दबाव में आकर एक नया एवं ज्यादा प्रभावशाली कानून बनाने पर मजबूर हो गई।

जहां तक लोकप्रियता का मापदंड है तो आज के समय में सामाजिक मीडिया से बेहतरीन प्लेटफॉर्म और कोई नहीं है, जहां व्यक्ति स्वयं को अथवा अपने किसी उत्पाद को ज्यादा लोकप्रिय बना सकता हो। लोकप्रियता के प्रसार में आज फिल्मों के ट्रेलर, टीवी प्रोग्राम का प्रसारण भी सोशल मीडिया के माध्यम से किया जा रहा है। वीडियो तथा ऑडियो चौट भी सोशल मीडिया के माध्यम से सुगम हो पाई है जिनमें फेसबुक, व्हॉट्सऐप, ट्विटर, लिंकडीन, इन्स्टाग्राम आदि कुछ प्रमुख प्लेटफॉर्म हैं।

सोशल मीडिया के कई रूप हैं जिनमें कि इन्टरनेट फोरम, वेबलॉग, सोशल ब्लॉग, माइक्रोब्लागिंग, विकीज, सोशल नेटवर्क, पॉडकास्ट, फोटोग्राफ, चित्र, चलचित्र आदि सभी आते हैं। अपनी सेवाओं के अनुसार सोशल मीडिया के लिए कई संचार प्रौद्योगिकी उपलब्ध हैं।

उदाहरणार्थ-

1.अंतर्जाल पर दैनन्दिनी यानी डायरी

(उदाहरण के लिए, ब्लॉग)

2.सहयोगी परियोजना

(उदाहरण के लिए, विकिपीडिया)

3.ब्लॉग और माइक्रोब्लॉग

(उदाहरण के लिए, ट्विटर)

4.सोशल खबर नेटवर्किंग साइट्स

(उदाहरण के लिए डिग)

5.सामग्री समुदाय

(उदाहरण के लिए, यूट्यूब)

6.सामाजिक नेटवर्किंग साइट

(उदाहरण के लिए, फेसबुक)

7.आभासी खेल दुनिया

(जैसे, वर्ल्ड ऑफ वॉरक्राफ्ट)

8.आभासी सामाजिक दुनिया

(जैसे सेकंड लाइफ)

9.इंटरनेट–आधारित फोटो–साझाकरण एप्लिकेशन

(उदाहरण के लिए, इंस्टाग्राम)

10.आभासी दुनिया की समग्र गतिविधियों पर नजर

(उदाहरण के लिए गूगल प्लस)

11.मोबाइल क्रांति का प्रतीकः व्हॉट्सऐप

(Whatsapp)

12.व्यावसायिक दृष्टि से बेहतर ब्रांड

(जैसे लिंक्डइन)

13. टिकटॉक

(टिक टोक या टिक टॉक)

ब्लॉग (BLOG)
blogger.com

क्या आप अपने व्यापार या व्यवसाय को बढ़ाने के लिए एक ब्लॉग शुरू करने जा रहे है, या आप अपने पसंदीदा विषय के विचारो को दूसरों के साथ साँझा करना चाहते है? ब्लॉग करना या तो

मुफ्त है अन्यथा काफी सस्ता है, और आप यह ब्लॉगर या वर्डप्रेस पर ब्लॉग बनाकर मिनटों में शुरू भी कर सकते है।

ब्लॉग शब्द ''वेब लॉग'' से आया है और इसका मतलब होता है एक ऐसी वेबसाइट जो पत्रिका शैली फॉरमैट में तैयार की गई सभी एन्ट्रीज को शामिल करती है। पत्रिका शैली में आमतौर पर टेक्स, ईमेज और वेबसाइट के लिंक, वैसे वेबपेज या मल्टीमीडिया फाइलें होती हैं जो उल्टे कालानुक्रमिक क्रम में प्रस्तुत होती हैं। ब्लॉग में एक कमेंट सेक्शन भी मौजूद होता है। विभिन्न विषयों पर प्रकाशित किए गए लेख पर ब्लॉग के भीतर विजिटर्स को आकर अपनी बात कहने का स्पेस देता है और इस तरह एक संवाद का स्वतः स्फूर्त वातावरण तैयार करता है।

यह एक प्रकार का व्यक्तिगत जालपृष्ठ (वेबसाइट) होता है, जिन्हें दैनन्दिनी (डायरी) की तरह लिखा जाता है। हर चिट्ठे में कुछ लेख, फोटो और बाहरी कड़ियाँ होती हैं। इनके विषय सामान्य भी हो सकते हैं और विशेष भी। ब्लॉग लिखने वाले को ब्लॉगर तथा इस कार्य को ब्लॉगिंग कहा जाता है।

कई ब्लॉग किसी खास विषय से संबंधित होते हैं, व उस विषय से जुड़े समाचार, जानकारी या विचार आदि उपलब्ध कराते हैं। एक ब्लॉग में उस

विषय से जुड़े पाठ, चित्र/मीडिया व अन्य चिट्ठों के लिंक्स मिल सकते हैं। ब्लॉग में पाठकों को अपनी टीका–टिप्पणियां देने की क्षमता उन्हें एक संवादात्मक प्रारूप प्रदन प्रदान करती है। अधिकतर ब्लॉग मुख्य तौर पर पाठ रूप में होते हैं, हालांकि कुछ कलाओं (आर्ट ब्लॉग्स), छायाचित्रों (फोटोग्राफी ब्लॉग्स), वीडियो, संगीत (एमपी3 ब्लॉग्स) एवं ऑडियो (पॉडकास्टिंग) पर केन्द्रित भी होते हैं।

आज के संगणक जगत में ब्लॉग का भारी चलन चल पड़ा है। कई प्रसिद्ध मशहूर हस्तियों के ब्लॉग लोग बड़े चाव से पढ़ते हैं और उन पर अपने विचार भी भेजते हैं। ब्लॉग पर लोग अपने पसंद के विषयों पर लिखते हैं और कई ब्लॉग विश्व भर में मशहूर होते हैं जिनका हवाला कई नीति–निर्धारण मुद्दों में किया जाता है। ब्लॉग का आरंभ 1992 में लांच की गई पहली जालस्थल के साथ ही हो गया था। आगे चलकर 1990 के दशक के अंतिम वर्षों में जाकर ब्लॉगिंग ने जोर पकड़ा। आरंभिक ब्लॉग संगणक जगत संबंधी मूलभूत जानकारी के थे। लेकिन बाद में कई विषयों के ब्लॉग सामने आने लगे। वर्तमान समय में लेखन का हल्का सा भी शौक रखने वाला व्यक्ति अपना एक ब्लॉग बना सकता है, चूंकि यह निःशुल्क होता है और अपना लिखा पूरे विश्व के सामने तक पहुंचाया जा सकता है।

चिट्ठों पर राजनीतिक विचार, उत्पादों के विज्ञापन, शोधपत्र और शिक्षा का आदान–प्रदान भी किया जाता है। कई लोग चिट्ठों पर अपनी शिकायतें भी दर्ज कर के दूसरों को भेजते हैं। इन शिकायतों में दबी–छुपी भाषा से लेकर बेहद कर्कश भाषा तक प्रयोग की जाती है। वर्ष 2004 में चिट्ठा शब्द को मेरियम–वेबस्टर में आधिकारिक तौर पर सम्मिलित किया गया था। कई लोग अब चिट्ठों के माध्यम से ही एक दूसरे से संपर्क में रहने लग गए हैं। इस प्रकार एक तरह से चिट्ठाकारी या चिट्ठाकारी अब विश्व के साथ–साथ निजी संपर्क में रहने का माध्यम भी बन गया है। कई कंपनियां आपके चिट्ठों की सेवाओं को अत्यंत सरल बनाने के लिए कई सुविधाएं देने लग गई हैं।

भारतियों के बारे में आमतौर पर यह कहा जाता है कि उनमें मिलनसारिता कम होती है। अगर इसे सही भी माना जाए तो मैं यह कहना चाहूँगा कि औसत भारतीय जब किसी से जुड़ता है तो सिर्फ संवाद के स्तर पर नहीं बल्कि उससे रिश्तेदारी भी कायम करता है। मोहल्ले पड़ोस में चाचाए बुआ और मामा जब तक नहीं बनतेए मेलजोल का आनंद अधूरा रहता है। तो वर्चुअल दुनिया में भी इस भारतीयता की मुझे कमी लगी। आज हिन्दी पट्टी के ब्लॉगरों का एक बड़ा समूह बनता जा रहा है।

लोगों का मानना है, कि जबसे सोशल मीडिया के अन्य माध्यम जैसे फेसबूक, ट्विटर आदि का वर्चस्व समाज में बढ़ा है ब्लॉगिंग के प्रति लोगों का रुझान कुछ कम हुआ है। जबकि ऐसा नहीं है। फेसबूक और ट्विटर को आप स्मार्ट और सुरक्षित तरीके से आइडिया के लिए इस्तेमाल नहीं कर सकते हैं, जबकि ब्लॉगिंग के माध्यम से कर सकते हैं। क्योंकि ब्लॉग डाक्युमेंटेशन का एक बड़ा माध्यम है। भारत या दुनिया में कहीं और युवा लोग जिस तरीके से सोशल मीडिया का इस्तेमाल करते हैं उसमें फेसबूक ज्यादा लोकप्रिय है। हालांकि गूगल प्लस का आना भी कम दिलचस्प नहीं है। मैं मानता हूँ कि इधर ब्लॉगिंग के प्रति लोगों का रुझान कुछ कम हुआ है। लेकिन यह भी सही है कि ब्लॉगिंग का अपना एक अलग आनंद है जो अन्य माध्यमों में नहीं दिखाई देता।

ब्लॉगिंग डाक्युमेंटेशन का एक बड़ा माध्यम है, जबकि फेसबूक या ट्विटर आदि सोशल नेटवर्क पर प्रयोगकर्ताओं द्वारा अधिक व्यक्तिगत जानकारी और मौज मस्ती को ज्यादा तरजीह दी जाती है। ब्लॉग एकप्रकार की ऑन लाइन डायरी है जो आपके चिंतन को एक नया आयाम देने में समर्थ है। जबकि फेसबूक सामाजिक संबंधों को बनाने अथवा उनको परिलक्षित करने पर सर्वाधिक केन्द्रित होता है। दोनों अलग चीज है और दोनों की आवश्यकता और महत्व भी अलग.अलग है।

एक प्रश्न बार-बार लोगों के जेहन में आता है, कि ब्लॉग और वेबसाइट में आखिरकार बुनियादी अंतर क्या है? इस संबंध में हम मेरा दृष्टिकोण है, कि ब्लॉग एक ऐसी ऑनलाइन जगह है जहाँ आप अपने विचारों को लेखों और चित्रों के माध्यम से इन्टरनेट पर प्रकाशित कर सकते हैं।

परिकल्पना ब्लॉग विश्लेषण के आधार पर हिन्दी ब्लॉग का विस्तार

क्रम संख्या	वर्ष	हिन्दी ब्लॉग की अनुमानित संख्या	बढ़ोत्तरी का औसत	सक्रिय ब्लॉगरों की अनुमानित संख्या	महिला ब्लॉगरों की अनुमानित संख्या
1.	2003	15		10	5
2.	2004	55	366 %	15	11
3.	2005	120	210 %	18	13
4.	2006	500	410 %	25	22
5.	2007	1100	220 %	40	38
6.	2008	2,000	182 %	100	700
7.	2009	6,000	300 %	300	1,000
8.	2010	12,000	200 %	500	3,000
9.	2011	20,000	167 %	1,000	5,000
10.	2012	50,000	250 %	5,000	7,000
11.	2013	80,000	160 %	8,000	11,000
12.	2014	1,50,000	137 %	15,000	16,000
13.	2015	2,20,000	148 %	22,000	26,000
14.	2016	3,10,000	140 %	31,000	42,000
15.	2017	4,21,000	139 %	42,000	65,000
16.	2018	5,01,000	120%	50,000	75,000
17.	2019	6,98,000	120%	70,000	1,10,000

ब्लॉग पर आप किसी भी प्रकार के लेख लिख सकते हैं जो आपके जीवन से जुड़ा हो भी सकता

हैं या नहीं भी। ब्लॉग में पोस्ट लिखें जाते हैं जो तारीख, दिन और समय के अनुसार प्रकाशित किये जाते हैं। जबकि एक वेबसाइट कई कारणों से बनाया जा सकता है जैसे— प्रोडक्ट को बेचने के लिए, अपने फोलोवर्स के लिए, सोशल या ई कॉमर्स की आवश्यकताओं की पूर्ति के लिए। वेबसाइट में होमपेज के बाद अन्य सर्विस पेज होते हैं जो सभी एस्टेटिक होते हैं।

विकिपीडिया (Wikipedia)
https://www.wikipedia.org/

विकिपीडिया एक मुफ्त, वेब आधारित और सहयोगी बहुभाषी विश्वकोश है, जो गैर—लाभ विकिमीडिया फाउंडेशन से सहयोग प्राप्त परियोजना है। वर्ष 2011 की रिपोर्ट के अनुसार दुनिया भर में स्वयंसेवकों के सहयोग से विकिपीडिया के 13 मिलियन लेख लिखे गए हैं और इसके लगभग सभी लेखों को वह कोई भी व्यक्ति संपादित कर सकता है, जो विकिपीडिया वेबसाईट का उपयोग कर सकता है।

इसे जनवरी 2001 में जिम्मी वेल्स और लेरी सेंगर के द्वारा शुरू किया गया, यह वर्तमान में इंटरनेट पर सबसे लोकप्रिय सन्दर्भित कार्य है।

न्यूयार्क टाइम्स के जोनाथन डी, और एंड्रयू लिह ने ऑनलाइन पत्रकारिता पर पांचवीं अन्तर्राष्ट्रीय संगोष्ठी में, विकिपीडिया के महत्त्व को न केवल एक विश्वकोश के सन्दर्भ में वर्णित किया बल्कि इसे बार बार अद्यतन होने वाले समाचार स्रोत के रूप में भी वर्णित किया क्योंकि यह हाल में हुई घटनाओं के बारे में बहुत जल्दी लेख प्रस्तुत करता है।

ट्विटर (Twitter)

https://twitter.com/

ट्विटर वा चिर्विर एक मुक्त सामाजिक संजाल व सूक्ष्म ब्लॉगर सेवा है, जो अपने उपयोगकर्ताओं को अपनी अद्यतन जानकारियां, जिन्हें ट्वीट्स वा चिर्विर वाक्य कहते हैं, एक दूसरे को भेजने और पढ़ने की सुविधा देता है। ट्वीट्स 140 अक्षरों तक के पाठ्य–आधारित पोस्ट होते हैं और लेखक के रूपरेखा पृष्ठ पर प्रदर्शित किये जाते हैं, तथा दूसरे उपयोगकर्ता अनुयायी (फॉलोअर) को भेजे जाते हैं। प्रेषक अपने यहां उपस्थित मित्रों तक वितरण सीमित कर सकते हैं, या डिफॉल्ट विकल्प में मुक्त उपयोग की अनुमति भी दे सकते हैं। उपयोगकर्ता ट्विटर वेबसाइट या लघु संदेश सेवा, या बाह्य

अनुप्रयोगों के माध्यम से भी ट्विट्स भेज सकते हैं और प्राप्त कर सकते हैं।

इंटरनेट पर यह सेवा निःशुल्क है, लेकिन एस.एम. एस के उपयोग के लिए फोन सेवा प्रदाता को शुल्क देना पड़ सकता है। ट्विटर सेवा इंटरनेट पर वर्ष 2006 में आरंभ की गई थी और अपने आरंभ होने के बाद टेक—सेवी उपभोक्ताओं, विशेषकर युवाओं में खासी लोकप्रिय हो चुकी है।

ट्विटर कई सामाजिक नेटवर्क जालस्थलों जैसे माइस्पेस और फेसबुक पर काफी प्रसिद्ध हो चुका है। ट्विटर का मुख्य कार्य होता है यह पता करना कि कोई निश्चित व्यक्ति किसी समय क्या कार्य कर रहा है। यह माइक्रो—ब्लॉगिंग की तरह होता है, जिस पर उपयोक्ता बिना विस्तार के अपने विचार व्यक्त कर सकता है। ऐसे ही ट्विटर पर भी मात्र 140 शब्दों में ही विचार व्यक्त हो सकते हैं।

सोशल मीडिया के इस सशक्त माध्यम में कैरेक्टर्स की संख्या भले ही बढ़ा दी गई है लेकिन इसके बावजूद ट्विटर तुरंत अपने विचार शेयर करने व इंस्टेंट कनेक्शन का टूल बना हुआ है। इसकी सबसे बड़ी विशेषता यह है कि यह आपकी जरूरत व रुचि के क्षेत्रों से जुड़ी सूचनाएं आपके पास सबसे पहले पहुंचा देता है।

हैशटैग के इस्तेमाल से आप अपनी पोस्ट की पहुंच को बहुत बढ़ा सकते हैं। इससे आपका व आपकी कंपनी का प्रोफाइल भी बढ़ेगा। अगर आप हैशटैग का इस्तेमाल प्रोफेशनल तरीके से करेंगे तो आपको इसका बहुत लाभ मिलेगा।

अगर आपकी व्याकरण अच्छी है और आप शब्दों का बेहतर इस्तेमाल करना जानते हैं तो यह मंच आपके लिए है। बॉलीवुड के तमाम सितारे इसका इस्तेमाल खुलकर करते हैं।

यह मंच कितना जरूरी है इसका अनुमान इसी से लगाया जा सकता है कि पिछले दिनों जब अमिताभ बच्चन के फॉलोअर्स की संख्या अचानक कम कर दी गई थी तो उन्होंने यह प्लेटफार्म छोडने की धमकी तक दे डाली थी।

बाद में ट्विटर की एक विशेषज्ञ टीम अमरीका से भारत आई और बच्चन को इसकी कार्यप्रणाली के बारे में समझाया।

डिग (Digg)
Digg.com

डिग क्युरेटेड फ्रंट पेज के साथ एक न्यूज एग्रीगेटर है, जो कि विशेष रूप से विज्ञान, रुझान वाले राजनीतिक मुद्दों और वायरल इंटरनेट के मुद्दों जैसे इंटरनेट ऑडियंस के लिए कहानियां चुनने के लिए लक्ष्य है। जबकि शुरू में यह एक लोकप्रिय सामाजिक समाचार वेबसाइट थी।

यह 31 जुलाई, 2012 को अपने मौजूदा रूप में ट्विटर और फेसबुक जैसे अन्य सामाजिक प्लेटफॉर्म पर सामग्री साझा करने के लिए समर्थन के साथ लॉन्च किया गया था।

यूट्यूब (You Tube)
https://www.youtube.com/

यूट्यूब एक साझा वेबसाइट है जहाँ उपयोगकर्ता वेबसाइट पर वीडियो देख सकता है, रेटिंग दे सकता है, टिप्पणियाँ छोड़ सकता है और वीडियो क्लिप साझा कर सकता है। पेपल के तीन कर्मचारियों क्रमशः स्टीव चौन, चार्ड हरले और जावद करीम ने 14 फरवरी 2005 में यू ट्यूब बनाई थी।

यूट्यूब की लाइव स्ट्रीमिंग सर्विस से ईवेंट को हम बड़ी आसानी से लाइव ब्रॉडकास्ट और होस्ट कर सकते हैं। यूट्यूब चौनल पर लाइव स्ट्रीमिंग सेशन को कंप्यूटर या मोबाइल डिवाइस से सेट किया जा सकता है।

सबसे पहले आप ये सुनिश्चित कर लें कि आपका अकाउंट वेरीफाई किया हुआ है।

ये भी देख लें कि यह गूगल गाइडलाइन (कॉपीराइट का किसी तरह से उल्लंघन) का हर तरह से पालन करता हो। यहां इस बात की भी जरूरत होगी कि आपके पास सही हार्डवेयर हों. कंप्यूटर पर एक बेसिक वेबकैम और माइक्रोफोन से काम शुरू किया जा सकता है।

आप यूट्यूब ऐप के माध्यम से भी लाइव स्ट्रीमिंग सेशन चला सकते हैं।

अक्सर यू–ट्यूब से लोगों की शिकायत रहती है कि वीडियो बनाने और पोस्ट करने पर कंपनी की तरफ से ठीकठाक पैसा नहीं दिया जाता। यू–ट्यूब के जरिये पैसे कमाने का केवल एक ही विकल्प है। इसमें आपने यदि कोई वीडियो यू–ट्यूब पर शेयर किया है तो उस पर आने वाले विज्ञापनों के अनुसार आपको पेमेंट किया जाता है।

विज्ञापन का कारोबार करने वाली गूगल की ही कंपनी एडसेंस की तरफ से आपको भुगतान किया जाता है, लेकिन आने वाले समय में वीडियो बनाने वालों के पास पैसा कमाने के कई तरीके और मौके आने आजा रहे हैं। ऐसे चैनल जिनके एक लाख से अधिक सब्सक्राइबर हैं, उनकी सदस्यता के लिए दर्शकों को 4.99 डॉलर यानी लगभग 320 रुपये मासिक शुल्क का भुगतान करना होगा। वहीं

वीडियो बनाने वाले शर्ट या फोन के कवर जैसी चीजें भी चौनल पर बेच सकते हैं।

गूगल आपके काम पर विज्ञापन देता है, इन विज्ञापन पर यूजर का इंटरेक्शन बढ़ने से कंपनी के साथ-साथ आपको भी कमाई होती है। बहुत से लोग इस काम से ही लाखों रुपये की कमाई कर रहे हैं। गूगल विज्ञापन लाने का काम करती है। ऐसे में आपके बनाए हुए वीडियो या आर्टिकल पर यूजर की संख्या जैसे-जैसे बढ़ती है, उसी हिसाब से आपकी कमाई का स्तर भी बढ़ता रहता है। लेकिन अब गूगल ने एक लाख या इससे ज्यादा सब्सक्राइबर वाले चौनल के लिए नया प्लान पेश किया है।

आप में से कई लोग ऐसे होंगे जो यूट्यूब पर अपना चौनल चलाते होंगे, आपके चौनल के ठीक-ठाक सब्सक्राइबर भी होंगे और कुछ पैसे भी कमाते ही होंगे, लेकिन अब गूगल ने आपको पैसे कमाने का नया तरीका दे दिया है।

अब आप अपने यूट्यूब चौनल के जरिए आप अपने सब्सक्राइबर और दर्शकों से पैसे भी ले सकेंगे।

यूट्यूब कंटेंट बनानेवालों के साथ रेवेन्यू सीधे साझा करता है, जिससे सफल विडियो क्रिएटर की कमाई हर महीने 10 हजार डॉलर तक हो जाती

है। यूट्यूब की इस मामले में स्थिति बड़ी स्पष्ट है।

वह कॉपीराइट उल्लंघन करनेवाले विडियो को तुरंत हटाता है। इसके अलावा हिंसा और अश्लीलता फैलानेवाले विडियो पर भी उसका रुख सख्त है। उसकी पूरी टीम इस मामले में काफी संवेदनशील है।

फेसबुक (FACEBOOK)
https://www.facebook.com/

फेसबुक अंतर्जाल पर स्थित एक निःशुल्क सामाजिक नेटवर्किंग सेवा है, जिसके माध्यम से इसके सदस्य अपने मित्रों, परिवार और परिचितों के साथ संपर्क रख सकते हैं। यह फेसबुक इंकॉ. नामक निजी कंपनी द्वारा संचालित है। इसके प्रयोक्ता नगर, विद्यालय, कार्यस्थल या क्षेत्र के अनुसार गठित किये हुए नेटवर्कों में शामिल हो

सकते हैं और आपस में विचारों का आदान–प्रदान कर सकते हैं।

इसका आरंभ 2004 में हार्वर्ड के एक छात्र मार्क जुकेरबर्ग ने की थी। तब इसका नाम द फेसबुक था। कॉलेज नेटवर्किंग जालस्थल के रूप में आरंभ के बाद शीघ्र ही यह कॉलेज परिसर में लोकप्रिय होती चली गई। कुछ ही महीनों में यह नेटवर्क पूरे यूरोप में पहचाना जाने लगा। अगस्त 2005 में इसका नाम फेसबुक कर दिया गया। फेसबुक में अन्य भाषाओं के साथ हिन्दी में भी काम करने की सुविधा है।

फेसबुक का उपयोग करने वाले अपना एक प्रोफाइल पृष्ठ तैयार कर उस पर अपने बारे में जानकारी देते हैं। इसमें उनका नाम, छायाचित्र, जन्मतिथि और कार्यस्थल, विद्यालय और कॉलेज आदि का ब्यौरा दिया होता है। इस पृष्ठ के माध्यम से लोग अपने मित्रों और परिचितों का नाम, ईमेल आदि डालकर उन्हें ढूंढ़ सकते हैं।

इसके साथ ही वे अपने मित्रों और परिचितों की एक अंतहीन श्रृंखला से भी जुड़ सकते हैं। फेसबुक के उपयोक्ता सदस्य यहां पर अपना समूह भी बना सकते हैं।यह समूह उनके विद्यालय, कॉलेज या उनकी रुचि, शहर, किसी आदत और जाति का भी हो सकता है। समूह कुछ लोगों का

भी हो सकता है और इसमें और लोगों को शामिल होने के लिए भी आमंत्रित किया जा सकता है। इसके माध्यम से किसी कार्यक्रम, संगोष्ठी या अन्य किसी अवसर के लिए सभी जानने वालों को एक साथ आमंत्रित भी किया जा सकता है।

लोग इस जालस्थल पर अपनी रुचि, राजनीतिक और धार्मिक अभिरुचि व्यक्त कर समान विचारों वाले सदस्यों को मित्र भी बना सकते हैं। इसके अलावा भी कई तरह के संपर्क आदि जोड़ सकते हैं। साइट के विकासकर्त्ता भी ऐसे कई कार्यक्रम तैयार करते रहते हैं, जिनके माध्यम से उपयोक्ता अपनी रुचियों को परिष्कृत कर सकें।

फेसबुक में अपने या अपनी रुचि के चित्र फोटो लोड कर उन्हें एक दूसरे के साथ बांट भी कर सकते हैं। ये चित्र मात्र उन्हीं लोगों को दिखेंगे, जिन्हें उपयोक्ता दिखाना चाहते हैं। इसके लिये चित्रों को देखनेका अनुमति स्तर निश्चित करना होता है। चित्रों का संग्रह सुरक्षित रखने के लिए इसमें पर्याप्त जगह होती है। फेसबुक के माध्यम से समाचार, वीडियो और दूसरी संचिकाएं भी बांट सकते हैं।

फेसबुक पर उपयोक्ताओं को अपने मित्रों को यह बताने की सुविधा है कि किसी विशेष समय वे क्या कर रहे हैं या क्या सोच रहे हैं और इसे "स्टेट्स

अपडेट" करना कहा जाता है। फेसबुक और ट्विटर के आपसी सहयोग के द्वारा निकट भविष्य में फेसबुक एक ऐसा सॉफ्टवेयर जारी करने जा रहा है, जिसके माध्यम से फेसबुक पर होने वाले "स्टेट्स अपडेट" सीधे ट्विटर पर अद्यतित हो सकेंगे। अब लोग अपने मित्रों को बहुत लघु संदेशों द्वारा यह बता सकेंगे कि वे कहाँ हैं, क्या कर रहे हैं या क्या सोच रहे हैं।

ट्विटर पर 140 कैरेक्टर के 'स्टेट्स मैसेज अपडेट' को अनगिनत सदस्यों के मोबाइल और कंप्यूटरों तक भेजने की सुविधा थी, जबकि फेसबुक पर उपयोक्ताओं के लिये ये सीमा मात्र 5000 लोगों तक ही सीमित है।

सदस्य 5000 लोगो तक ही अपने प्रोफाइल के साथ जोड़ सकते हैं या मित्र बना सकते हैं। फेसबुक पर किसी विशेष प्रोफाइल से लोगों के जुड़ने की संख्या सीमित होने के कारण "स्टेट्स अपडेट" भी सीमित लोगों को ही पहुँच सकता है।

अपने यूजर्स की विशाल संख्या के कारण फेसबुक विश्वव्यापी माध्यम है संपर्क बनाने का।

इसकी पहुंच इतनी बड़ी व तगड़ी है कि कंपनियां व प्रोफेशनल्स, सब इसको पसंद करते हैं।

यह आपके क्षेत्र में प्रेरक संपर्कों का माध्यम बन सकते हैं। आप अपने लेख पोस्ट कर सकते हैं और दुनिया को यह बता सकते हैं कि आप क्या चाहते हैं और क्या कर सकते हैं। इसके अलावा आप व्यक्तिगत प्रोफाइल बना सकते हैं। बिजनेस पेज बना सकते हैं। यह आपके लिए बहुत फायदेमंद हो सकता है क्योंकि जो लोग आपके बारे में जानने के इच्छुक हैं उनके लिए सामग्री उपलब्ध हो सकती है।

आप व्यक्तिगत अपडेट्स के अलावा अपनी प्रोग्रेस रिपोर्ट व आइडिया यहां शेयर कर सकते हैं। भले ही वे लोग आपकी वेबसाइट पर नियमित रूप से नहीं आते हैं लेकिन फेसबुक आपकी जरूरी सूचनाएं उन तक पहुंचा देती है।

अगर आप फेसबुक लाइव का रणनीतिक इस्तेमाल करें तो आप अपने कारोबार व काम से जुड़े पर्दे के पीछे के तथ्यों को भी सबके सामने उजागर कर सकते हैं। यह आपको आपके उपयोक्ता तक ले जा सकता है।

फेसबुक और ट्विटर के नकारात्मक पहलू–

फेसबुक और ट्विटर जैसे सोशल मीडिया प्लैटफॉर्म ने मानहानि करने वाले 1662 वेबसाइटों और कॉन्टेंट को ब्लॉक कर दिया है।

यह कार्रवाई कानून बनाने वाली एजेंसियों के अनुरोध पर की गई है। फेसबुक ने कानून लागू करने वाली एजेंसियों द्वारा अनुरोध किए गए 1,076 यूआरएल में से 956 को ब्लॉक किया है, ट्विटर ने 728 में से 409 और 182 में से 152 को ब्लॉक कर दिया है।

जिसमें इंस्टाग्राम ने 150 में से 66 यूआरएल को ब्लॉक किया है जबकि अन्य वेबसाइटों ने 109 यूआरएल में से 79 को ब्लॉक किया है। ये सारे यूआरएल जनवरी 2017 से जून 2018 के बीच ब्लॉक किए गए हैं।

कानून लागू करने वाली एजेंसियों ने वेबसाइट और सोशल मीडिया की निगरानी की है और सूचना प्रौद्योगिकी कानून, 2000 के तहत गैर–कानूनी कॉन्टेंट को ब्लॉक करने के लिए उचित कदम उठाए हैं।

फेसबुक ने कहा है कि उसने दुनियाभर में कहीं भी होने वाले आम चुनाव में अपने नेटवर्क के जरिए बाहरी दखलंदाजी को रोकने के लिये कई कदम उठाये गए हैं।

इसके लिए उसने फर्जी फेसबुक खातों पर रोक, इस मंच के दुरूपयोग को रोकने के लिए सक्रिय कार्रवाई और विज्ञापन में पारदर्शिता लाने जैसी पहल शामिल है।

फर्जी सूचनाओं और खबरों से निपटने के लिये फेसबुक 17 देशों में 27 थर्ड पार्टी भागीदारों के साथ मिलकर तथ्यों की जांच करना जारी रखेगा। इस दिशा में फेसबुक अपने प्लेटफॉर्म के दुरुपयोग की सक्रिय निगरानी कर रही है।

उनका मानना है कि वे अभिकलन से जुड़ी शक्तिशाली प्रौद्योगिकी को लागू करने में सक्षम है। इनका इस्तेमाल पारंपरिक रूप से स्पैम से लड़ने के लिये किया जाता है।

वर्ल्ड ऑफ वॉरक्राफ्ट
(World of Warcraft)

https://worldofwarcraft.com/

कई ऑनलाइन फैंटेसी गेम्स है जिसे खेलकर आप वर्चुअल करंसी कमा सकते हैं। बाद में इसको

अपने अकाउंट में ट्रांसफर करके रियल मनी में बदल सकते हैं।

उदाहरण के लिए अगर आप ऑनलाइन फैंटेसी गेम वर्ल्ड ऑफ वॉरक्राफ्ट खेलकर 30,000 गोल्ड यूनिट्स कमाते हैं तो आप इसे एक्सचेंज करके 20 यूएस डॉलर यानी करीब 1300 रुपये कमा सकते हैं। आप भारतीय गेम्स जैसे रमी ऑनलाइन अन्य प्रतियोगियों के साथ खेल सकते हैं। **वेबसाइट:** http://us-battle-net/wow/en/

ऑनलाइन पैसा कमाने का दूसरा तरीका सवालों का जवाब देना और ऑडियो फाइल्स को टेक्स्ट फाइल्स में बदलना है। यह जॉब उनलोगों के लिए है जिनके पास सूचनाओं का भंडार है और विभिन्न फील्ड्स की जानकारी एवं विशेषज्ञता रखते हैं। इन वेबसाइट्स पर कुछ एक्सपर्ट्स हर हफ्ते करीब 35,000 रुपये कमाते हैं।

वेबसाइट्स: http://ats-justanswer-com/landing और https://scribie-com/freelance&transcription

वर्चुअल असिस्टेंट के तौर पर किसी व्यक्ति को विभिन्न कामों में मदद कर करते हैं जिसके लिए आपको फीस मिलेगी। दुनिया भर में वर्क ऑवर्स बढ़ने और वाइट कॉलर जॉब वाले लोगों के पास समय की कमी होने के कारण वे ऐसे लोगों की मदद ले रहे हैं जो ऑनलाइन उनके काम को उचित फीस लेकर पूरा कर दे।

इस तरह के कामों में किसी का मेल चेक करना, ऑनलाइन शॉपिंग करना या क्लायंट्स को फोन कॉल्स करना शामिल है।

अगर आप इस तरह का काम करना चाहते हैं तो नीचे दिए गए लिंक पर क्लिक करके जानकारी हासिल कर सकते हैं।

वेबसाइट्स:https://www-upwork-com/o/jobs/browse/skill/virtual&assistant/ और

https://www-elance-com/r/jobs/cat&admin&support/sct&virtual&assistant&10243

आप अगर माहिर फटॉग्रफर या कलाकार हैं तो आप अपने फटॉग्राफ्स और स्केच ऑनलाइन बेच सकते हैं। आर्टिस्ट्स और फटॉग्रफर्स अपने प्रॉडक्ट्स की सेल प्राइस पर 60 फीसदी कमिशन कमा सकते हैं।

अपने आर्टवर्क और फटॉग्राफ्स को बेचने के लिए निम्नलिखित वेबसाइट से आपको मदद मिल सकती है।

वेबसाइट्सः https://www-fotolia-com/Info/Contributors vkSj http://www-deviantart-com/sell/

आप कमिशन पर किसी ई–कॉमर्स कंपनी के लिए मार्केटिंग और प्रॉडक्ट सेलिंग कर सकते हैं। ऐमजॉन और फ्लिपकार्ट जैसी ई–कॉमर्स कंपनियां 2 से 12 फीसदी तक कमिशन देती हैं।

आप जिस ई–कॉमर्स कंपनी के लिए काम करना चाहते हैं, उसकी वेबसाइट पर लॉगिन करना होगा और किसी प्रॉडक्ट के लिए यूनीक लिंक बनाना होगा। आप इसे अपने दोस्तों को भेज सकते हैं या अपने पर्सनल ब्लॉग, फोरम या वेबसाइट पर डाल सकते हैं। जब उस लिंक के माध्यम से सेल होगा तो एक तय कमिशन आपके अकाउंट में पहुंच जाएगा।

वेबसाइट्सः http://www-flipkart-com/affiliate vkSj https://affiliate&program-amazon-in

इंटरनेट के इस्तेमाल में आई तेजी के कारण **ऑनलाइन ट्यूशन** काफी बढ़ा है। अगर आप किसी खास फील्ड के एक्सपर्ट हैं या किसी विषय का **काफी ज्ञान है** तो आप ऑनलाइन ट्युशन पढ़ा सकते हैं। 8 घंटे रोजाना पढ़ाकर आप 80,000 रुपये तक कमा सकते हैं। नीचे 2 साइटों के लिंक हैं जहां आपको इस तरह की जॉब्स मिल सकती है।

वेबसाइट्सः
https://www.vedantu.com/become-a-teacher और http://www.tutorvista.com/teaching-jobs

सेकंड लाइफ (Second Life)

www.secondlife.com

सेकंड लाइफ एक ऑनलाइन आभासी दुनिया है, जिसे सैन फ्रांसिस्को स्थित फर्म लिंडेन लैब द्वारा विकसित और स्वामित्व में है। इसे 23 जून 2003

को लॉन्च किया गया था। वर्ष 2013 तक, सेकंड लाइफ में लगभग दस लाख नियमित उपयोगकर्ता थे।

1999 में, फिलिप रोस्डेल ने कंप्यूटर हार्डवेयर विकसित करने के इरादे से लिंडन लैब का गठन किया ताकि लोगों को आभासी दुनिया में डुबोया जा सके। अपने शुरुआती रूप में, कंपनी ने हार्डवेयर के वाणिज्यिक संस्करण का उत्पादन करने के लिए संघर्ष किया, जिसे ष्द रिगष के नाम से जाना जाता है, जो प्रोटोटाइप फॉर्म में कंधे पर पहने कंप्यूटर मॉनीटर के साथ एक गलेदार स्टील कॉन्ट्रैक्शन के रूप में दिखाया गया था।

आभासी दुनिया को लिंडन लैब के अपने क्लाइंट प्रोग्राम या वैकल्पिक तृतीय–पक्ष दर्शकों के माध्यम से स्वतंत्र रूप से एक्सेस किया जा सकता है। सेकेंड लाइफ उपयोगकर्ता खुद के आभासी प्रतिनिधित्व बनाते हैं, और स्थानों, वस्तुओं और अन्य अवतारों के साथ बातचीत करने में सक्षम होते हैं। वे दुनिया भर में (ग्रिड के रूप में जाना जाता है)पता लगा सकते हैं, अन्य निवासियों से मिल सकते हैं, सामाजिककरण कर सकते हैं, व्यक्तिगत और समूह गतिविधियों दोनों में भाग ले सकते हैं, निर्माण, दुकान और व्यापार एक दूसरे के साथ आभासी संपत्ति और सेवाओं का व्यापार कर सकते हैं।

सेकंड लाइफ 16 वर्ष से अधिक आयु के लोगों के लिए है, 13−15 वर्षीय उपयोगकर्ताओं के अपवाद के साथ, जो एक प्रायोजन संस्थान के दूसरे जीवन क्षेत्र तक सीमित हैं।

Instagram

इंस्टाग्राम (Instagram)
https://instagram.in

इंस्टाग्राम एक मोबाइल, डेस्कटॉप और इंटरनेट−आधारित फोटो−साझाकरण एप्लिकेशन है जो उपयोगकर्ताओं को फोटो या वीडियो को सार्वजनिक रूप से या निजी तौर पर साझा करने की अनुमति देता है। इसकी स्थापना केविन सिस्ट्रॉम और माइक क्रेगर के द्वारा 2010 में की गई थी, और अक्टूबर 2010 में आईओएस ऑपरेटिंग सिस्टम के लिए विशेष रूप से निःशुल्क मोबाइल ऐप के रूप में लॉन्च किया गया था। एंड्रॉइड (प्रचालन तंत्र) डिवाइस के लिए एक संस्करण दो साल बाद, अप्रैल 2012 में जारी किया गया था, इसके बाद नवंबर 2012 में फीचर−सीमित वेबसाइट इंटरफेस, और विंडोज 10 मोबाइल और

विंडोज 10 को अक्टूबर 2016 में एप्लिकेशन तैयार किये गए।

ब्लूमबर्ग इंटेलिजेंस रिपोर्ट के अनुसार, इंस्टाग्राम के अभी एक अरब ऐक्टिव यूजर हैं जो जल्द ही दो अरब हो जाएंगे और अगले पांच साल में इसके उपभोक्ताओं की संख्या फेसबुक के बराबर हो जाएगी। अन्य सोशल मीडिया साइट्स की तरह इंस्टाग्राम भी अपना इंटरफेस लगातार बदल रहा है। जैसे फोटोग्राफिक फिल्टर्स, स्टोरीज, छोटे विडियो, ईमोजी, हैशटैग वगैरह। भविष्य की रणनीति को ध्यान में रखते हुए इंस्टाग्राम ने एक नई शुरुआत की है, वह है आईजी टीवी। इसके जरिए कोई भी यूजर एक घंटे तक का लंबा विडियो अपलोड कर सकता है। लंबे विडियो का मतलब है कि यूजर ज्यादा समय तक इंस्टाग्राम पर रहेगा। जाहिर है, यह लक्ष्य आर्थिक एवं व्यावसायिक दृष्टिकोण से ऐप बनानेवाली हर कंपनी हासिल करना चाहती है।

फोटो शेयरिंग के लिए मशहूर फेसबुक की कंपनी इंस्टाग्राम भी धीरे–धीरे विडियो लाइन में कदम बढ़ा रही है और युवाओं में तेजी से लोकप्रिय हो रही है। इंटरनेट पर बादशाहत को लेकर जारी यह जंग अब और भी दिलचस्प होने जा रही है और इस हलचल के केंद्र में भी फेसबुक और गूगल ही हैं।

गूगल जहां यूट्यूब के जरिए विडियो बाजार के एक बड़े हिस्से पर काबिज है, वहीं उसको टक्कर देने के लिए फेसबुक इंस्टाग्राम में नए–नए परिवर्तन कर रहा है। विडियो बाजार में इससे एक बड़े बदलाव की संभावना तैयार हो रही है। फोटो और विडियो शेयरिंग ऐप इंस्टाग्राम को फेसबुक ने साल 2012 में मात्र एक अरब डॉलर में खरीदा था। इसकी कीमत आज सौ अरब डॉलर पर पहुंच गई है।

इंस्टाग्राम पर आज पंजीकृत सदस्य अनगिनत संख्या में चित्र और वीडियो साझा कर सकते हैं जिसमें वे फिल्टर भी बदल सकते हैं। साथ ही इन चित्रों के साथ अपना लोकेशन यानी स्थिति भी जोड़ सकते हैं। इसके अलावा जैसे ट्विटर और फेसबुक में हैशटैग जोड़े जाते हैं वैसे ही इस में भी हैशटैग लगाने का विकल्प होता है। साथ ही फोटो और वीडियो के अलावा लिखकर पोस्ट भी कर सकते हैं।

आप अपने स्मार्टफोन या टैब्लेट से इंस्टाग्राम मोबाइल ऐप के जरिए अपना इंस्टाग्राम अकाउंट खोल सकते हैं। आप पीसी या मैक पर इंस्टाग्राम के एंड्रॉयड वर्जन को चलाने के लिए BlueStacks का उपयोग भी कर सकते हैं। सबसे पहले, अपने स्मार्टफोन पर इंस्टाग्राम ऐप इन्सटॉल करें। यह आईफोन, एंड्रॉयड, विंडोज फोन और ब्लैकबेरी पर

उपलब्ध है। डाउनलोड लिंक्स एंड्रॉयड, विंडोज फोन और ब्लैकबेरी के लिए अलग—अलग है। आप फेसबुक अकाउंड या ईमेल ऐड्रेस का इस्तेमाल करते हुए रजिस्टर कर सकते हैं: ऑनस्क्रीन निर्देशों का पालन करें. ट्विटर या फेसबुक से अपने दोस्तों को यहां ऐड करें और यूजर्स को फॉलो करें।

इंस्टाग्राम में दूसरे सोशल नेटवर्क से अलग फोटो और वीडियो ही होते हैं यानी इसमें टेक्सट नहीं होते। ऐसे में इमेज और वीडियो आपके डेटा को आप कैसे बचायेंगे?

इंस्टाग्राम पिछले कुछ सालों से एक बेहद महत्वपूर्ण सोशल नेटवर्क के तौर पर उभरा है। लेकिन एक बात जिसके बारे में यूजर को हर ऐप के बारे में जान लेनी चाहिए वह है ऐप की सेटिंग। क्योंकि सेटिंग को बेहतर तरीके से इस्तेमाल करके आप अपने फोन के डेटा को बचा सकते हैं। इंस्टाग्राम में किस सेटिंग को बदलकर आप डेटा बचा सकते हैं? आइए आपको बताते हैं। इंस्टाग्राम की बात करें तो इसमें दूसरे सोशल नेटवर्क से अलग फोटो और वीडियो ही होते हैं। यानी इसमें टेक्सट नहीं होते। ऐसे में इमेज और वीडियो आपके डेटा को तेजी से चूस लेते हैं। वैसे ऐप के प्रोग्रामर जानते हैं कि हर डठ डेटा के मायने हैं। इसी बात को ध्यान में रखते हुए वे एक

नया फीचर लाए हैं ताकि डेटा खर्च को धीमा किया जा सके। इसको एक्सेस करने के लिए प्देजंहतंउ ऐप पर जाएं। अपनी पर्सनल प्रोफाइल पर जाएं और सेटिंग गियर पर क्लिक करें।

अगर आप स्क्रॉल डाउन करेंगे, आप देखेंगे कि कई सारे ऑप्शन हैं जिनके बारे में आपको कोई जानकारी नहीं होगी। लेकिन जिसके बारे में हम जिक्र कर रहे हैं उसका नाम है डवइपसम कंजं नेम, इस सेक्शन पर क्लिक करें।

साधारण तौर पर बताएं तो यह ऐप डिफॉल्ट तौर पर बंद रहता है। इसे चालू करें और जो उसके नीचे लिखा है उसे ध्यान से पढ़े। "अगर आपने डेटा सेवर ऑन किया तो आपके मोबाइल नेटवर्क पर फोटो और वीडियो को लोड होने में ज्यादा वक्त लगेगा।"

यह विकल्प आपके अनुभव को वास्तव में कैसे प्रभावित कर सकता है? वैसे आपको इसका पता भी नहीं चलेगा। आप आसानी से फोटो और वीडियो इंस्टाग्राम पर देखते रहेंगे, बस आपको कुछ सेकेंड ज्यादा लगेंगे। फायदा ये होगा कि आपके फोन में तेजी से डेटा खर्च नहीं होगा। हो सकता है कि यह ऑप्शन आपके इंस्टाग्रान में न दिखाई दे। वैसे यह इंस्टाग्राम की गलती नहीं है आपकी है। प्लेस्टोर पर जाएं और अपने ऐप को

अपडेट करें, इसके बाद आपको ऑप्शन दिखाई देने लगेगा।

इंस्टाग्राम पोस्ट शेड्यूलर प्लेटफॉर्म HopperHQ ने 2018 में इंस्टाग्राम पोस्ट से गाढ़ी कमाई करने वाले सेलिब्रिटीज की लिस्ट जारी की है जिसमें विराट कोहली ने 17वां स्थान हासिल किया है।

यह केवल चमचमाती तस्वीरें शेयर करने का ही मंच नहीं है। यह बिजनेस बढ़ाने का भी बड़ा माध्यम बनता जा रहा है। जॉब ढूंढने के लिए भी इंस्टाग्राम बड़ा माध्यम है। यहां आप सुनें, देखें और संबंधित कंपनियों की कार्यप्रणाली को समझने का प्रयास करें। अलग—अलग तरह की कंपनियां क्या कर रही हैं, किस तरह के उत्पाद बाजार में आ रहे हैं और इन कंपनियों के पीछे चलने वाले दिमाग क्या सोच रहे हैं इसका अंदाज आप आसानी से इंस्टाग्राम पर लगा सकते हैं।

इंस्टाग्राम पर आप जो भी कंटेंट देखते हैं वह बहुत काबिल प्रोफेशनल्स के द्वारा तैयार किया जाता है। ये लोग अपने फील्ड के मास्टर हैं। इंस्टाग्राम पर आप जो देखते हैं उसमें से बहुत कुछ ऐसा है जो बहुत ही व्यवसायिक लोग पोस्ट करते हैं। अगर आप अपने काम का प्रचार इस माध्यम से करना चाहते हैं तो आपको फायदा ही फायदा होगा।

सोशल मीडिया पर हो रही रिसर्च लगातार लोगों को कमाई के नए आयाम दे रही है। पहले जहां लोग इसका इस्तेमाल अपने पर्सनल यूज और फोटो, वीडियो शेयरिंग के लिए करते थे अब इसका इस्तेमाल कमाई के लिए किया जाता है। कई लोग ऐसे हैं जो सोशल मीडिया से ही लाखों की कमाई कर रहे हैं। कंपनियां भी अपने ब्रांड्स को प्रमोट करने के लिए सोशल मीडिया का सहारा ले रही हैं और अपने ब्रांड को बढ़ाने के लिए सेलिब्रिटी की मदद ले रही हैं। वे उन एक्टर्स, मॉडल्स और स्पोर्ट स्टार्स का सहारा ले रही हैं जिनके सोशल मीडिया पर बड़ी फैन फॉलोइंग है और इसके लिए उन्हें मोटी रकम दे रही हैं।

अगर भारत के सेलिब्रिटीज की कमाई की बात करें तो मशहूर क्रिकेट खिलाड़ी और टीम इंडिया के कैप्टन विराट कोहली सोशल मीडिया से कमाई

में नंबर वन माने जा सकते हैं। इंस्टाग्राम के एक पोस्ट से वे करीब 120,000 अमेरिकी डॉलर यानी करीब 82 लाख रुपये की कमाई करते हैं।

इंस्टाग्राम पोस्ट शेड्यूलर प्लेटफॉर्म HopperHQ ने 2018 में इंस्टाग्राम पोस्ट से गाढ़ी कमाई करने वाले सेलिब्रिटीज की लिस्ट जारी की है जिसमें टीम इंडिया के कप्तान इंस्टाग्राम स्पोर्ट्स रिच लिस्ट में नौवां और ओवरऑल लिस्ट में 17वां स्थान हासिल किया है।

HopperHQ-com की लिस्ट के मुताबिक— कोहली, जिनके इंस्टाग्राम पर 23.2 मिलियन फॉलोअर्स (2,32,12,898) हैं, अपने एक स्पॉन्सर्ड इंस्टाग्राम पोस्ट से 120,000 अमेरिकी डॉलर (लगभग 82 लाख रुपये) कमाते हैं।

इंस्टाग्राम के स्पोर्ट रिच लिस्ट के अनुसार विराट कोहली ने अमेरिकी बास्केटबॉल सुपरस्टार स्टीफन करी और रिटायर्ड पेशेवर मुक्केबाज फ्लॉयड मेवेदर को पीछे छोड़ दिया है। इस सूची में फुटबॉल के मेगास्टार पुर्तगाल के क्रिस्टियानो रोनाल्डो सबसे ऊपर हैं, जबकि ब्राजीली फुटबॉलर नेमार दूसरे नंबर पर हैं।

वहीं अगर ओवरऑल लिस्ट की बात करें तो सबसे ऊपर काईली जेनर हैं जो एक पोस्ट के लिए

करीब 1 मिलियन डॉलर कमाती हैं। वहीं दूसरे नंबर पर सेलेना गोमेज हैं जिन्हें एक पोस्ट के 8 लाख डॉलर मिलते हैं।

तीसरे नंबर पर मौजूद क्रिस्टियानो रोनाल्डो को एक पोस्ट के लिए साढ़े सात लाख डॉलर मिलते हैं।

इसके बाद चौथे नंबर पर किम कर्दाशियां, पांचवे पर बियोंसे, छठे पर ड्वेन जॉन्सन, सातवें पर जस्टिन बीबर, आठवें पर नेमार, नौवें पर मेस्सी और 10वें नंबर पर केंडल जेनर हैं।

ये सभी सेलिब्रिटी एक पोस्ट पर लाखों डॉलर की कमाई करते हैं।

गूगल प्लस (Google Plus)

https://plus.google.com/

गूगल़ (इसको 'गूगल प्लस' बोलते हैं और संक्षेप में G+ लिखते हैं) गूगल की सामाजिक नेटवर्किंग सेवा है। यह सेवा 28 जून 2011को आरम्भ हुई

और शुरुआत में केवल आमंत्रण पर सदस्यता दी गयी और अब ये सभी के लिए उपलब्ध है।

इसमें आप अपने परिवार, मित्रों या ऑफिस सहयोगियों के अलग अलग सर्कल या समूह बना सकते हैं। यह एक बहुपक्षीय वीडियो चौट प्रणाली भी है, जिसके सहारे एक साथ 10 लोग आपस में बात कर सकते हैं।

हैंगआउट को बाद में यूट्यूब पर साझा किया जा सकता है। यह सुविधा एंड्रॉयड मोबाइल फोन और टैबलेट उपयोगकर्ताओं के लिए भी उपलब्ध है। गूगल प्लस पर बस एक फोटो डालकर आप हो सकते हैं विश्व प्रसिद्ध।

पर्यटन मंत्रालय ने गूगल़ के साथ मिलकर एक ऐसी ही प्रतियोगिता पेश की है।

इसमें भारत और भारत के बाहर के लोग फोटोग्राफी प्रतियोगिता में हिस्सा ले सकते हैं।

आपको केवल गूगल प्लस पर जाकर फोटो पोस्ट करना है, और उसके साथ हैश टैग लगाकर इनक्रेडिबल इंडिया लिखना है।

(#IncredibleIndia) बस, इतने में ही आप प्रतियोगिता का हिस्सा हो जाएंगे।

व्हॉट्सऐप (Whatsapp)
https://www.whatsapp.com/

वाट्सऐप मैसेंजर स्मार्ट फोनों पर चलने वाली एक प्रसिद्ध तत्क्षण मेसेजिंग सेवा है, जिसकी सहायता से इन्टरनेट के द्वारा दूसरे 'वाट्सऐप' उपयोगकर्ता के स्मार्टफोन पर टेक्स्ट संदेश के अलावा ऑडियो, छवि, वीडियो तथा अपनी स्थिति भेजी जा सकती है।

जनवरी 2009 में जेन कूम ने एप्पल का एक आईफोन खरीदा। इस फोन से जेन कूम को एप के जबर्दस्त लोकप्रिय हो सकने की संभावनाओं का अंदाजा लग गया। इसी दौरान जेन कूम अपने रूसी मूल के दोस्त एलेक्स फिशमैन के पश्चिमी सैन जोस स्थित घर गए। फिशमैन रूसी मूल के दोस्तों को हर सप्ताह पीत्जा खाने और फिल्म देखने के लिए आमंत्रित करते थे। कई बार इस

महफिल में 40 लोग तक आ जाते थे। फिशमैन के रसोईघर में जेन कूम और फिशमैन चाय पीते हुए एप पर घंटों चर्चा करते थे।

इसी बातचीत के दौरान वॉट्सएप जैसा एक नया एप बनाने के विचार ने जन्म लिया। वॉट्सएप्प को उक्रेन के 37 साल के जन कूम ने अमेरिका के 44 साल के ब्रायन एक्टन के साथ मिल कर शुरू किया था। बाद में एक और वेंचर कैपिटलिस्ट, जिम गोएट्ज भी इसमें शामिल हो गए।

जेन कूम कंपनी के मुख्य कार्यकारी (सीईओ) हैं। मशहूर व्यावसायिक पत्रिका "फोर्ब्स" के मुताबिक वॉट्सएप्प के मुख्य कार्यकारी जन कूम के पास इस कंपनी की 45 फीसदी हिस्सेदारी है।

फेसबुक ने इसे 2015 से निःशुल्क कर दिया है। सितंबर 2015 की स्थिति के अनुसार, वाट्सऐप पर 90 करोड़ से अधिक उपयोगकर्ताओं के साथ, यह विश्व का दूसरा सबसे लोकप्रिय तत्क्षण मैसेंजर है।

व्हाट्सऐप के इस्तेमाल ने फोन में मौजूद कई सर्विस जिसे हम इस्तेमाल करते हैं उसे पूरी तरह से खत्म कर दिया है। तो आइए जानते हैं कौन सी है वो सर्विस–

SMS- आजकल इस सर्विस का इस्तेमाल हम तभी करते हैं जब हमारे पास इंटरनेट कनेक्शन ना हो। अगर हमारे पास इंटरनेट होता है तो हम गलती से भी इसका अस्तेमाल नहीं करते। हम हर समय मैसेजिंग के लिए व्हाट्सऐप का इस्तेमाल करते हैं। SMS का इस्तेमाल हम सिर्फ OTP और अन्य सर्विस मैसेज के लिए करते हैं।

MMS- मल्टीमीडिया मैसेजिंग का इस्तेमाल आजकल लोग बिल्कुल भी नहीं करते हैं। हमें व्हाट्सऐप पर ही बहुत ज्यादा मल्टीमीडिया चौट ऑप्शन मिलते हैं। जिसमें हम वीडियो, GIF फोटो सब कुछ शेयर कर सकते हैं। वहीं अगर फीचर फोन की बात करें तो उसके लिए यह काम आ सकता है।

BBM- एक समय ऐसा था कि ब्लैकबेरी मैसेंजर लोगों के लिए एक बड़ी चीज थी जो सिर्फ ब्लैकबेरी फोन्स में ही चलती थी हालांकि व्हाट्सऐप के आ जाने से BBM पूरी तरह से समाप्त होता दिख रहा है।

Yahoo Messenger- याहू मैसेंजर हाल ही में बंद हो गया है। 90 के दशक के बच्चों के लिए याहू के जबरदस्त याद है। लेकिन लगातार नए–नए मैसेजिंग ऐप के आ जाने से इसकी इस्तेमाल कम हो गया और इसमें कहीं ना कहीं व्हाट्सऐप का बड़ा हाथ है।

WeChat- चीन में WeChat अभी भी काफी फेमस ऐप है और लोग इसका इस्तेमाल कर रहे हैं वहीं अगर भारत की बात करें तो लगातार इसके यूजर्स में कमी आ रही है।

Video&calling apps- व्हाट्सऐप अपने वीडियो कॉलिंग फीचर को लगातार बेटर बनाने की कोशिश कर रहा है। tgka Skype खुद को वीडियो कॉलिंग के लिए बचाने की कोशिश कर रहा है वहीं Google Duo पूरी तरह से खत्म होता दिखाई दे रहा है।

Voice calls- वैसे तो अभी वॉयस कॉल समाप्त नहीं हुआ है लेकिन व्हाट्सऐप के आ जाने से इसमें कमी जरूर आई है। अब लोग कॉलिंग के लिए ज्यादातर व्हाट्सऐप का इस्तेमाल करते हैं।

WhatsApp में अब मैसेज फॉरवर्ड करने की एक सीमा होगी। इस सोशल मीडिया कंपनी ने यह जानकारी दी है कि वह जल्द ही अपने प्लेटफॉर्म

पर मैसेज फॉरवर्ड करने की सीमा तय करेगी। दरअसल, हाल के दिनों व्हाट्सऐप के जरिए भेजे गए अफवाहों के कारण भीड़ द्वारा दर्जनों लोगों की हत्या के कई मामले सामने आए हैं। इसके बाद से व्हाट्सऐप द्वारा ऐसा कुछ कदम उठाए जाने का अनुमान था।

कंपनी ने एक ब्लॉग पोस्ट में कहा कि वह भारत में WhatsApp पर मैसेज फॉरवर्ड करने की सीमा की टेस्टिंग कर रही है जहां दुनियाभर में सबसे ज़्यादा मैसेज और वीडियो फॉरवर्ड किए जाते हैं। कंपनी की योजना है कि भारत में मैसेज फॉरवर्ड करने की सीमा पांच कर दी जाए। इसके अलावा मैसेज के बगल में नजर आने वाले में "quick forward" बटन को हटाने के बारे में भी विचार किया जा रहा है।

यहां गुमराह होना और ज्यादा आसान है। जहां एक तरफ सच हमारे फोन के इंटरनेट में छुपा है, वहीं कई गलत जानकारियां भी उसी इंटरनेट का हिस्सा है। ऐसे में सही–गलत की समझ रखे बगैर हर जानकारी को सही मान लेना सबसे बड़ी अज्ञानता है। इंटरनेट की सूचना सेल में रखे कपड़ों के ढेर जैसी है। उसमें से कौन सा कपड़ा सही है और कौन सा खराब, यह ठीक से देखने पर ही पता चल पाता है। बिना चेक किए उठाएंगे तो खराब कपड़ा भी हाथ लग सकता है। यहां

जानकारियों की खदान है। हालांकि इसकी कोई गारंटी नहीं कि यह जानकारियां सही हो। अगर गहराई में जाएंगे तो फैमिली वॉट्सऐप ग्रुप में मिलने वाले 'आयुर्वेदिक दवाइयों के असर' 'चीन की सड़कों पर उड़ने वाली कार' जैसे मैसेज की सच्चाई के परखच्चे उड़ जाएंगे।

उदाहरण के तौर पर व्हाट्सएप का फॉर्वर्ड मैसेज पढ़कर भीड़ का किसी को पीट पीटकर मार डालना। वो भीड़ जो उस व्यक्ति को मारना अपना 'धर्म' समझ बैठी है, उससे कोई कदम उठाने से पहले मैसेज की विश्वसनीयता को चेक करने की अपेक्षा करना पता नहीं कितना सही है।

अब ग्रुप एडमिन की इजाजत के बिना ग्रुप का कोई भी मेंबर मैसेज नहीं कर पाएगा यानी ग्रुप का एडमिन तय करेगा कि ग्रुप में कौन मैसेज करेगा।

इंस्टेंट मैसेजिंग ऐप WhatsApp लगातार नए–नए अपडेट्स कर रहा है। कंपनी ने हाल ही में ग्रुप एडमिन्स को लेकर एक फीचर लाने की बात कही थी जिसे रोलआउट कर दिया गया है। इस नए अपडेट के बाद अब व्हाट्सऐप ग्रुप एडमिन की इजाजत के बिना ग्रुप का कोई भी मेंबर मैसेज नहीं कर पाएगा यानी ग्रुप का एडमिन तय करेगा कि ग्रुप में कौन मैसेज करेगा। इसके साथ ही केवल ग्रुप की सेटिंग्स चेंज करने और यह तय करने कि ग्रुप का कौन सा मेंबर ग्रुप इन्फो को बदल सकेगा इसका अधिकार भी एडमिन के पास रहेगा।

ऐसे कर सकते हैं सेटिंग– अगर आप किसी व्हाट्सऐप ग्रुप के एडमिन हैं तो सबसे पहले अपने ऐप को अपडेट कर ले। इसके बाद जिस ग्रुप के एडमिन हैं उस ग्रुप को ओपन करें और Group Setting में जाएं। इस पर क्लिक करने के बाद आपको Group Edit Info, Send Message और Edit Group Admins का विकल्प मिलेगा। Edit Group के विकल्प पर जाकर आप यह तह कर सकते हैं कि ग्रुप डिस्क्रिप्शन कौन बदल सकता है।

इसी तरह Send Message पर जाकर आप सेट कर सकते हैं कि ग्रुप में कौन सा मेंबर मैसेज भेज सकता है। इस नए फीचर को लेकर WhatsApp

का कहना है कि इस फीचर के आने के बाद ग्रुप में आने वाले फिजूल के मैसेज से मुक्ति मिलेगी और फालतू लोग मैसेज नहीं कर पाएंगे।

इस फीचर के अलावा कंपनी ने iOS 10 या उससे ऊपर के डिवाइस के लिए नया अपडेट जारी किया है जिसमें यूजर्स मीडिया फाइल को ऑन-स्क्रीन नोटिफिकेशन पर ही देख और डाउनलोड कर सकते हैं। इस फीचर को "नोटिफिकेशन एक्सटेंशन" या "मीडिया प्रीव्यू" फीचर कहा गया है।

इस फीचर के बारे में WABetaInfo ने जानकारी दी है कि iOS यूजर्स को नया एक्सटेंशन फीचर व्हाट्सऐप के 2.18.80 वर्जन में मिल रहा है। यह फीचर यूजर्स के ऑटो डाउनलोड विकल्प के एक्टिवेट ना होने पर नोटिफिकेशन से ही इमेजेज और GIF को डाउनलोड करने की सुविधा देता है। यानी इसके लिए आप को ऐप एक्सेस करने की जरुरत नहीं पड़ेगी। इस फीचर को अभी सिर्फ iOS के लिए अपडेट किया जा रहा है कंपनी ने अभी तक इस बारे में कोई जानकारी नहीं दी है कि यह एंड्रायड यूजर्स के लिए कब आएगा।

व्हाट्सऐप के इस्तेमाल ने फोन में मौजूद कई सर्विस जिसे हम इस्तेमाल करते हैं उसे पूरी तरह से खत्म कर दिया है।

अपने यूजर्स के लिए WhatsApp लगातार नए अपडेट्स कर रहा है। चाहे वो चौट को लेकर हो या फिर कॉलिंग को लेकर व्हाट्सऐप में लगातार नए अपडेट्स हो रहे हैं। व्हाट्सऐप के जरिए लोगों के काम भी आसान हो गए हैं लोग अब एक ऐप से ही वीडियो कॉलिंग से लेकर फाइल शेयरिंग तक सभी काम कर सकते हैं।

लिंक्डइन (Linkedin)

https://www.linked.in/

आज विश्व की कुल जनसंख्या के लगभग 50 प्रतिशत लोग 30 साल से कम उम्र के हैं, जिनमें से अधिकांश प्रतिदिन अपना कीमती वक्त सोशल नेटवर्किंग साइट्स पर बिताते हैं। फेसबुक, ट्विटर, यूट्यूब जैसी सोशल नेटवर्किंग साइट्स का नाम हर किसी के जेहन में रहता है। इसके अलावा लिंक्डइन को व्यावसायिक दृष्टि से बेहतर माना जाता है।

सोशल मीडिया के तमाम माध्यमों में से आपके करियर व कारोबार के लिए लिंक्डइन का महत्व ही कुछ और है। यह आपके व्यवसायिक नेटवर्क को बढ़ाता है। आपके काम—धंधे से जुड़े बेस्ट प्रोफेशनल्स को आपसे कनेक्ट कराता है। इसके जरिए आप अपने नए व पुराने संपर्क तो बना ही सकते हैं बल्कि आपके संपर्कों के माध्यम से यह आपको ऐसे लोगों तक पहुंचा देता है जिन्हें जानना आपके लिए बहुत जरूरी है।

इसलिए यह जरूरी है कि आप अपने कंटेंट व विशेषज्ञता से जुड़े मैटीरियल को यहां पोस्ट करते रहें। इसलिए इस गंभीर, प्रोफेशनल सोशल नेटवर्क को बिल्कुल भी इग्नोर न करें। कुछ लोग इसे बस यूं ही ले लेते हैं और फिर जब जॉब बदलने की आवश्यकता होती है तो वे बेदर्दी से इसे यूज करने लगते हैं और बात आसानी से नहीं बनती, उस समय बहुत देर हो चुकी होती है। इसलिए बेहतर है कि आप इसका प्रयोग उस समय करना शुरू कर दें जब आपको इसकी ज्यादा जरूरत नहीं है। करियर मैनेजमेंट के रूप में इसका प्रयोग करें, जॉब ढूंढने वाले टूल के रूप में नहीं। फिर देखिए इसका मजा।

लिंक्डइन पर मौजूद 50 लाख से ज्यादा यूजर ने अपने प्रोफाइल में खुद को सोशल मीडिया का एक्सपर्ट बताया है, जबकि 2010 से अब तक

सोशल मीडिया से जुड़े जॉब में जबरदस्त वृद्धि हुई है। इससे अंदाजा लगा सकते हैं कि इस दिशा में कॅरियर और जॉब्स की कितनी संभावनाएं हैं।

सामाजिक नेटवर्किंग सेवा एक ऑनलाइन सेवा, प्लेटफॉर्म या साइट होती है जो लोगों के बीच सामाजिक नेटवर्किंग अथवा सामाजिक संबंधों को बनाने अथवा उनको परिलक्षित करने पर केन्द्रित होती है, उदाहरण के लिए ऐसे व्यक्ति जिनकी रुचियां अथवा गतिविधियां समान होती हैं। एक सामाजिक नेटवर्किंग सेवा में अनिवार्य रूप से प्रत्येक प्रयोगकर्ता का निरूपण (अक्सर एक प्रोफाइल), उसके सामाजिक संपर्क तथा कई अन्य अतिरिक्त सेवायें शामिल रहती हैं।

अधिकांश सामाजिक नेटवर्किंग सेवायें वेब आधारित होती हैं और प्रयोगकर्ताओं को इन्टरनेट का प्रयोग करते हुए एक–दूसरे से संपर्क करने का साधन प्रदान करती हैं उदाहरण के रूप में ई–मेल तथा इंसटैंट मैसेजिंग. हालांकि ऑनलाइन समुदाय सेवाओं को भी कभी–कभी सामाजिक नेटवर्किंग सेवा माना जाता है। व्यापक अर्थ में, सामाजिक नेटवर्किंग सेवा व्यक्ति केंद्रित होती है जबकि **ऑनलाइन समुदाय सेवा समूह केंद्रित होती हैं।** सामाजिक नेटवर्किंग साइटें किसी प्रयोगकर्ता को अपने व्यक्तिगत नेटवर्किंग में विचारों, गतिविधियों,

घटनाओं और उनके व्यक्तिगत रुचियों को बांटने की सुविधा देती हैं।

कम्प्यूटर के जरिये होने वाले सामाजिक पारस्परिक संपर्कों को कंप्यूटर नेटवर्किंग की संभाव्यता के रूप में काफी पहले सुझाया गया था। कम्प्यूटर के जरिये होने वाले संचार के द्वारा सामाजिक नेटवर्किंगों का आधार बनाने के प्रयास शुरूआती ऑनलाइन सेवाओं का आधार बने, इनमें यूजनेट, आरपानेट, लिस्टसर्व तथा बुलिटन बोर्ड सेवाएं (बीबीएस) शामिल थीं। सामाजिक नेटवर्किंग साइटों की प्राथमिक अवस्था की कई विशेषताएं ऑनलाइन सेवाओं जैसे अमेरिका ऑनलाइन, प्रोडिजी तथा कॉम्प्युसर्व में भी विद्यमान थीं।

वर्ल्ड वाइड वेब पर प्रारंभिक सामाजिक नेटवर्किंग सामान्यीकृत ऑनलाइन समुदायों के रूप में शुरू हुई, जैसे Theglobe.com (1994), जियोसिटीज (1995) तथा Tripod.com (1995)।

इन ऑनलाइन समुदायों में से कई में लोगों को एक–दूसरे के निकट संपर्क में लाने के लिए चौट रूम उपलब्ध कराये जाते थे, तथा लोगों को अपनी व्यक्तिगत जानकारियां तथा विचार बांटने के लिए व्यक्तिगत वेबपेज बनाने के लिए बढ़ावा दिया जाता था, तथा इसके लिए प्रयोग करने में आसान प्रकाशन टूल तथा मुफ्त अथवा सस्ता वेबस्पेस

दिया जाता था। कुछ समुदायों – जैसे Classmates.com – ने एक अलग दृष्टिकोण को अपनाते हुए ई–मेल पतों के माध्यम से लोगों को एक–दूसरे से जोड़ दिया।

1990 के दशक के अंत तक, प्रयोगकर्ता की प्रोफाइल सामाजिक नेटवर्किंग साइटों की केंद्रीय विशिष्टता हो गयी थी, इनके द्वारा प्रयोगकर्ताओं को अपने "मित्रों" की सूची बनाने तथा समान रूचि वाले अन्य प्रयोगकर्ताओं को खोजने की सुविधा प्राप्त होती थी।

सामाजिक नेटवर्किंग के नए तरीके 1990 के अंत तक विकसित किए गए और कई साइटों ने मित्रों को खोजने तथा उनके प्रबंधन के लिए अधिक उन्नत सुविधाओं को विकसित करना प्रारंभ कर दिया। सामाजिक नेटवर्किंग साइटों की यह नई पीढ़ी, 2002 में फ्रेंडस्टर के आने के साथ ही विकसित होना प्रारंभ हो गयी और जल्द ही इंटरनेट की मुख्यधारा का हिस्सा बन गयी। फ्रेंडस्टर के एक वर्ष पश्चात ही माईस्पेस तथा लिंक्डइन आ गए तथा इसके बाद बेबो आया। सामाजिक नेटवर्किंग साइटों की लोकप्रियता में तीव्र वृद्धि का सत्यापन इसी बात से किया जा सकता है कि 2005 तक माईस्पेस के देखे जाने वाले पेजों की संख्या गूगल से भी अधिक थी। 2004 में प्रारंभ हुई फेसबुक विश्व की सबसे बड़ी

सामाजिक नेटवर्किंग साइट बन चुकी है। यह अनुमान है कि विभिन्न प्रकार के मॉडलों का प्रयोग करते हुए आज 200 से सक्रिय सामाजिक नेटवर्किंग साइटें हैं।

सामाजिक नेटवर्किंग साइटों के उभरते रुझान में सबसे आगे ''रियल–टाइम वेब'' तथा ''लोकेशन बेस्ड'' के सिद्धांत हैं। रियल–टाइम प्रयोगकर्ताओं को सामग्री को अपलोड करने के साथ ही इसे प्रसारित करने की अनुमति देता है – यह अवधारणा रेडियो और टेलीविजन प्रसारण के समान है।

रियल–टाइम के सिद्धांत का प्रारंभ ट्विटर द्वारा किया गया, इसमें प्रयोगकर्ता जो कर अथवा सोच रहे (140 कैरेक्टर की सीमा में) होते थे, उसे विश्व भर में प्रसारित कर सकते थे।

फेसबुक ने भी यही अपनी ''फीड लाइव'' के द्वारा किया जिसमें प्रयोगकर्ताओं की गतिविधियों को होने के साथ ही प्रदर्शित किया जा सकता था।

जहां ट्विटर शब्दों पर केंद्रित है, क्लिक्सटर जो कि एक अन्य रियल–टाइम सेवा है, जिसने समूह तस्वीर साझा करने पर ध्यान केंद्रित करते हुए प्रयोगकर्ताओं को किसी घटना की तस्वीरें उस

घटना के समय ही प्रसारित करने की सुविधा प्रदान की।

मित्र व आसपास के अन्य प्रयोगकर्ता घटनाक्रम में स्वयं की तस्वीरें और टिप्पणियों के रूप में योगदान कर सकते हैं, इस प्रकार फोटो और टिप्पणियों को प्रसारण के ''रियल–टाइम'' पहलू के लिए योगदान के रूप में अपलोड किया जाता है। स्थान आधारित सामाजिक नेटवर्किंग में, फोरस्क्वेयर ने लोकप्रियता हासिल की क्योंकि यह प्रयोगकर्ताओं को उन स्थानों को ''चेक–इन'' की अनुमति देता था जहां पर अन्य लोग भी एकत्रित होते थे।

गोवाला भी ऐसी ही एक सेवा है जो फोरस्क्वेयर की तरह ही कार्य करती है, यह फोनों में उपलब्ध जीपीएस क्षमता का लाभ लेते हुए स्थानिक अनुभव पैदा करती है। क्लिक्सटर, हालांकि वास्तविक समय श्रेणी का भाग है, भी एक स्थान आधारित सामाजिक नेटवर्किंग साईट है, कयोंकि इसमें प्रयोगकर्ताओं द्वारा बनाई गयी घटनाओं को स्वतः ही भौगोलिक रूप से टैग किया जाता है, तथा प्रयोगकर्ता आस–पास हो रही घटनाओं को क्लिक्सटर आई–फोन ऐप की सहायता से देख सकते हैं।

हाल ही में, येल्प ने अपनी मोबाइल फोन ऐप के द्वारा चेक–इन के जरिये स्थान आधारित सामाजिक नेटवर्किंग श्रेणी में अपने प्रवेश की घोषणा की हैय यह फोरस्क्वेयर अथवा गोवाला के लिए हानिकारक होगा या नहीं, यह तो समय ही बताएगा क्योंकि इंटरनेट तकनीकी उद्योग में अभी यह एक नयी श्रेणी है।

इस नई प्रौद्योगिकी के लिए एक लोकप्रिय अनुप्रयोग उद्योगों के बीच सामाजिक नेटवर्किंग है। कंपनियों ने पाया है कि फेसबुक और ट्विटर जैसी सामाजिक नेटवर्किंग साइटें अपनी ब्रांड छवि बनाने के अच्छे तरीके हैं।

मार्केटिंग जाइव के लेखक जोड़ी निमेज के अनुसार, उद्योगों तथा सामाजिक मीडिया के पांच उपयोग हैं: ब्रांड जागरूकता उत्पन्न करना, ऑनलाइन छवि प्रबंधन साधन के रूप में, भर्तियां करने के लिए, नयी तकनीकों तथा प्रतिस्पर्धियों की बारे में जानने के लिए, तथा लीड पैदा करने वाले साधन के रूप में संभावित ग्राहकों का पता लगाने के लिए।

ये कंपनियां अपनी ऑनलाइन साइटों के लिए ट्रैफिक उत्पन्न करते हुए अपने उपभोक्ताओं और ग्राहकों को अपने उत्पादों या सेवाओं में परिवर्तन

अथवा सुधार के विषय में विचार–विमर्श करने के लिए प्रोत्साहित कर सकती हैं।

जिस अन्य उपयोग के विषय में चर्चा की जा रही है वह विज्ञान समुदायों में सामाजिक नेटवर्किंग का प्रयोग है। जूलिया पोर्टर लाइबेस्काइन्ड तथा अन्य ने एक अध्ययन प्रकाशित किया है कि कैसे नई जैव–प्रौद्योगिकी फर्म वैज्ञानिक ज्ञान के आदान–प्रदान के लिए सामाजिक नेटवर्किंग साइटों का उपयोग कर रही हैं।

अपने अध्ययन में वे कहते हैं कि एक दूसरे के साथ जानकारी और ज्ञान साझा करके, "उनके सीखने और लचीलेपन में वृद्धि हुई है जो कि अपनेआप में सीमित सौपानिक संगठन के भीतर संभव नहीं हो सकती थी" सामाजिक नेटवर्किंग ने वैज्ञानिक समूहों को अपने ज्ञान के आधार का विस्तार करते हुए विचारों को बांटना संभव किया है और इन साधनों के आभाव में उनके सिद्धांत "पृथक और अप्रासंगिक" हो सकते थे।

टिकटॉक
(टिक टोक या टिक टॉक)

टिकटॉक लघु लिप–सिंक, कॉमेडी और प्रतिभा वीडियो बनाने और साझा करने के लिए एक आईओएस और एंड्राइड सोशल मीडिया वीडियो

ऐप है । ऐप को 2017 में चीनी डेवलपर बाइटडांस द्वारा चीन के बाहर के बाजारों के लिए लॉन्च किया गया था। बाइटडांस ने पहले डॉयेन (सितंबर 2016 में चीन के बाजार के लिए) को प्रारम्भ किया। टिकटॉक और डॉयेन समान हैं लेकिन चीनी सेंसरशिप प्रतिबंधों का पालन करने के लिए विभिन्न सर्वरों पर चलते हैं।

यह एप्लिकेशन उपयोगकर्ताओं को 3 से 15 सेकंड के लघु संगीत और लिप—सिंक वीडियो बनाने की अनुमति देता है और 3 से 60 सेकंड के छोटे लूपिंग वीडियो। यह एशिया, संयुक्त राज्य अमेरिका और दुनिया के अन्य हिस्सों में लोकप्रिय है। ज्पाज्वा चीन में उपलब्ध नहीं है, और इसके सर्वर उन देशों में आधारित हैं जहां ऐप उपलब्ध है।

2018 में, आवेदन ने लोकप्रियता हासिल की और अक्टूबर 2018 में अमेरिका में सबसे अधिक डाउनलोड किया जाने वाला ऐप बन गया, ऐसा करने वाला पहला चीनी ऐप।

2018 तक, यह 150 से अधिक बाजारों और 75 भाषाओं में उपलब्ध है। फरवरी 2019 में, टिकटॉक

ने, डॉयेन के साथ मिलकर, चीन में एंड्रॉइड इंस्टॉल को छोड़कर वैश्विक स्तर पर एक बिलियन डाउनलोड मारा।

TikTok मोबाइल ऐप उपयोगकर्ताओं को स्वयं का एक छोटा वीडियो बनाने की अनुमति देता है जो अक्सर पृष्ठभूमि में संगीत की सुविधा देता है, इसे फिल्टर के साथ धीमा या संपादित किया जा सकता है। ऐप के साथ एक संगीत वीडियो बनाने के लिए, उपयोगकर्ता विभिन्न प्रकार की संगीत शैलियों में से पृष्ठभूमि संगीत चुन सकते हैं, फिल्टर के साथ संपादित कर सकते हैं और टिक्कॉक या अन्य सोशल प्लेटफॉर्म पर दूसरों के साथ साझा करने के लिए अपलोड करने से पहले गति समायोजन के साथ 15 सेकंड का वीडियो रिकॉर्ड कर सकते हैं। वे लोकप्रिय गीतों के लिए लघु लिप–सिंक वीडियो भी फिल्मा सकते हैं।

ऐप की "प्रतिक्रिया" सुविधा उपयोगकर्ताओं को एक विशिष्ट वीडियो के लिए अपनी प्रतिक्रिया को फिल्माने की अनुमति देती है, जिसके ऊपर इसे एक छोटी खिड़की में रखा जाता है जो स्क्रीन के चारों ओर घूमने योग्य है। इसकी "युगल" सुविधा उपयोगकर्ताओं को एक वीडियो को दूसरे वीडियो से अलग करने की अनुमति देती है। "युगल" फीचर musical-ly का एक और ट्रेडमार्क था

ऐप उपयोगकर्ताओं को अपने खातों को ''निजी'' के रूप में सेट करने की अनुमति देता है। ऐसे खातों की सामग्री TikTok के लिए दिखाई देती है, लेकिन ज्याज्वा उपयोगकर्ताओं से अवरुद्ध होती है, जो खाता धारक ने उनकी सामग्री को देखने के लिए अधिकृत नहीं किया है। उपयोगकर्ता चुन सकते हैं कि कोई अन्य उपयोगकर्ता, या केवल उनके ''दोस्त'', टिप्पणी, संदेश, या ''प्रतिक्रिया'' या ''युगल'' वीडियो के माध्यम से ऐप के माध्यम से उनके साथ बातचीत कर सकते हैं। उपयोगकर्ता इस बात के लिए भी विशिष्ट वीडियो सेट कर सकते हैं कि ''सार्वजनिक'', ''केवल मित्र'', या ''निजी'', भले ही खाता निजी हो या न हो।

टिकटॉक पर ष्आपके लिएष् पृष्ठ ऐप पर आपके पिछले कार्यों के आधार पर आपको अनुशंसित वीडियो का एक फीड है, जिसमें आपको किस तरह की सामग्री पसंद है। उपयोगकर्ताओं को केवल ''आपके लिए'' पृष्ठ पर चित्रित किया जा सकता है, यदि वे 16 या उससे अधिक टिक्कॉक नीति के अनुसार हैं। 16 वर्ष से कम आयु के उपयोगकर्ता ष्आपके लिएष् पृष्ठ के अंतर्गत, ध्वनियों के नीचे, या किसी भी हैशटैग के तहत नहीं दिखाएंगे। उपयोगकर्ता अपने ''सहेजे गए'' अनुभाग में वीडियो, हैशटैग, फिल्टर और ध्वनियाँ भी जोड़ सकते हैं। यह अनुभाग केवल उपयोगकर्ता को उनकी प्रोफाइल पर दिखाई देता है, जो उन्हें

किसी भी वीडियो, हैशटैग, फिल्टर, या ध्वनि को वापस संदर्भित करने की अनुमति देता है।

3 अप्रैल 2019 को, मद्रास उच्च न्यायालय ने एक जनहित याचिका पर सुनवाई करते हुए भारत सरकार से "अश्लील साहित्य को प्रोत्साहित करने" का हवाला देते हुए ऐप पर प्रतिबंध लगाने के लिए कहा था। अदालत ने यह भी कहा कि ऐप का उपयोग करने वाले बच्चों को यौन शिकारियों द्वारा लक्षित किए जाने का खतरा है। अदालत ने प्रसारण मीडिया को आगे कहा कि उन वीडियो में से कोई भी ऐप से टेलीकास्ट न करे।

टिकटोक के प्रवक्ता ने कहा कि वे स्थानीय कानूनों का पालन कर रहे थे और कार्रवाई करने से पहले अदालत के आदेश की प्रति का इंतजार कर रहे हैं। 17 अप्रैल को, Google और Apple दोनों ने TikTok को Google Play और ऐप स्टोर से हटा दिया। जैसा कि अदालत ने प्रतिबंध पर पुनर्विचार करने से इनकार कर दिया, कंपनी ने कहा कि उन्होंने 6 मिलियन से अधिक वीडियो हटा दिए थेहैं जो उनकी सामग्री नीति और दिशानिर्देशों का उल्लंघन करते थे।

25 अप्रैल 2019 को, तमिलनाडु में एक अदालत द्वारा TikTok डेवलपर बायेडेंस टेक्नोलॉजी से एक याचिका के बाद ऐप स्टोर और Google Play

से ऐप के डाउनलोड को प्रतिबंधित करने के अपने आदेश को रद्द करने के बाद प्रतिबंध हटा लिया गया था। भारत के TikTok प्रतिबंध की कीमत ऐप के 15 मिलियन नए उपयोगकर्ताओं को हो सकती है। उल्लेखनीय है, कि इंडोनेशिया ने 3 जुलाई 2018 को अश्लील वीडियो और ईश निंदा जैसी अवैध सामग्री के बारे में सार्वजनिक चिंता के बीच टीकटोक ऐप को अस्थायी रूप से बंद कर दिया। नकारात्मक सामग्री को हटाने, सरकारी संपर्क कार्यालय खोलने, और उम्र प्रतिबंध और सुरक्षा तंत्र को लागू करने सहित कई बदलाव करने के एक सप्ताह बाद ऐप को अनब्लॉक कर दिया गया था।

27 फरवरी 2019 को, संयुक्त राज्य संघीय व्यापार आयोग ने बाल ऑनलाइन गोपनीयता संरक्षण अधिनियम के उल्लंघन में 13 वर्ष से कम आयु के नाबालिगों से जानकारी एकत्र करने के लिए बाइटडांस यूएस $ 5.7 मिलियन का जुर्माना लगाया। बाइटडांस ने टिकटॉक में किड्स–ओनली मोड जोड़कर जवाब दिया जो वीडियो अपलोड करने, यूजर प्रोफाइल के निर्माण, डायरेक्ट मैसेजिंग और दूसरे के वीडियो पर कमेंट करने के दौरान ब्लॉक करता है, जबकि अभी भी कंटेंट को देखने और रिकॉर्डिंग की अनुमति है।

OOO

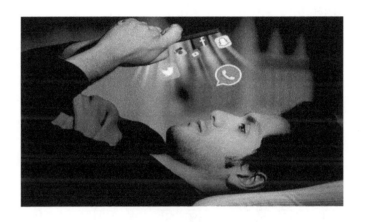

लोगों की जिंदगी पर हावी होता जा रहा सोशल मीडिया

आज सोशल मीडिया, संवाद का वह सशक्त माध्यम बन गया है, जिससे हम दुनिया के किसी भी कोने में बैठे उन लोगों से संवाद कायम किया जा सकता है। इसे सोशल मीडिया की लोकप्रियता ही कहा जाए कि आज आम आदमी से लेकर खास आदमी भी इससे जुड़ा हुआ है।

बड़े काम की चीज है सामाजिक मीडिया। आप अपने विचारों को इस स्वतंत्र मीडिया के माध्यम से दुनिया के सामने रख सकते हैं। आप अपना एक ऑनलाइन नेटवर्क बना सकते हैं। अपने विचारों को आगे बढ़ने के साथ-साथ इस ऑनलाइन की आभासी दुनिया में आपको बहुत सारे लोगों से बहुत कुछ सीखने का मौका मिलेगा।

सोशल मीडिया के किसी भी फार्मेट के माध्यम से आपके पोस्ट लोगों तक पहुँचना आसान है और उनके विचार भी आपके पास कमेंट के माध्यम से झट से पहुँच सकते हैं। अपने क्षेत्र में आप एक विशेषज्ञ के रूप में स्थापित हो सकते हैं।

आप सामाजिक मीडिया पर कई प्रकार के सामान बेच सकते हैं जैसे इबूक या फिर सर्विसेज। अपने ईमेल सब्सक्रिप्शन आप्शन कि मदद से आप ढेर सारे ईमेल सब्सक्राइबर भी पा सकते हैं। एस ई ओ के बारे में भी अपना ज्ञान बढ़ सकता है जो की बहुत जरूरी है।

सोशल मीडिया पर पैसे कमाने की बात बाद में आती है पहले तो इससे आपका लिखने का तरीका सुधरता है। अगर आपका पहले से ही व्यवसाय है तो ज्यादा से ज्यादा ग्राहक पा सकते हैं।

आप इस माध्यम से अपना ऑनलाइन व्यापार शुरू कर सकते हैं। यहाँ तक कि किसी भी प्रकार के जॉब की जरूरत नहीं है क्योंकि सामाजिक मीडिया के कई स्वरूप नौकरी से कहीं ज्यादा बेहतर है। और भी बहुत सारे फायदे हैं सोशल मीडिया के।

यह सच है कि सामाजिक मीडिया ने आम आदमी की संवेदनाओं और भावनाओं के सुख को फिर से जागृत किया है। हालांकि इस मीडिया के अस्तित्व में आने से वास्तविक मीडिया ने अपनी ताकत नहीं खोई है बल्कि, ब्लॉग, ट्विटर, फेसबुक आदि सोशल नेटवर्किंग साइट्स से जुड़कर अपनी ऑनलाइन गतिविधियों को संजोई है और अब नया मीडिया और आम आदमी दोनों ही ताकतवर होते जा रहे हैं।

आज के समय में शायद ही ऐसा कोई हो जो सामाजिक मीडिया में मौजूद ना हो। हर इंसान फेसबुक, व्हाट्सऐप और ट्विटर अपना अकाउंट बनाये हुए है और दिन रात इसका इस्तेमाल करता हैं। आकड़ो की माने तो एक दिन में हर इंसान औसत 3 घंटे का समय सामाजिक मीडिया में देता है।

आज के समय में अगर आपके पास न्यूज चौनल खोलकर देखने का समय नहीं है तो आप फेसबुक

खोल लीजिए और आपको सारी जानकारियां मिल जाएगी।

सभी न्यूज चौनल ने अपना फेसबुक अकाउंट बनाया हुआ है और कोई भी जानकारी आने पर सबसे पहले उसमे अपडेट करते है। इसीलिए सोशल मीडिया का सबसे बड़ा फायदा यही है की आप पल पल की खबरों से अलर्ट रहते है।

अगर सही मायनों में कहे तो सोशल मीडिया जैसे की फेसबुक और व्हाट्सऐप इसीके लिए शुरू हुया था की लोग उनसे मिल सके जिन्हें वो भूल चुके है या अब उनके संपर्क में नहीं है। पुराने दोस्तों से मिलना, नए दोस्त बनाना, और वर्तमान के दोस्तों से चैट करना आज के समय में मीडिया की खूबसूरती की बयान करता है।

अगर आपने सामाजिक मीडिया में अपनी उपस्थिति दर्ज करा रखी है यानी की आप उसका इस्तेमाल करते है और एक्टिव रहते है तो आप अपने दोस्त, घरवाले और रिश्तेदारों से जुड़ सकते है और वो भी बस एक बटन के माध्यम से।

अगर फायदों की बात की जाय तो वो कम है लेकिन अगर नुकसानों की बात करे तो वो बहुत ही अधिक है जैसे की समय की बर्बादी।

सामाजिक मीडिया आपका सबसे अधिक समय बर्बाद करता है।

अगर कोई व्यक्ति एक न्यूज या किसी एक इंसान से बात करने के लिए सामाजिक मीडिया में आता है तो वो कम से कम आधे घंटे का समय यहाँ व्यतीत करता है क्योकि उसे ऐसी ऐसी चीजे दिखाई देने लगती है की वो उन्हें खोने में मजबूर हो जाता है और पढ़ता चला जाता है। स्टूडेंट्स अपना अमूल्य समय सामाजिक मीडिया में बर्बाद करते है जो उनके भविष्य के साथ खिलवाड़ है। दिन भर हो रही हिंसा और तनाव की खबरे सामाजिक मीडिया में जमकर चलती रहती है और ना चाहते हुए भी आपको इनसे रूबरू होना पड़ता है क्योकि आप सामाजिक मीडिया में है और यह खबरे आपके ऊपर नकारात्मक प्रभाव डालती है।

जब आप सामाजिक मीडिया में जुड़ते है तो आपको असली समाज की जरूरत कम महसूस होती है और आप समाज से कटते चले जाते है। एक लाइन में समझे सामाजिक मीडिया इस्तेमाल करना गलत नहीं है लेकिन अगर यह आपके विचारो और संस्कारों में हावी होने लग जाए तो यह बहुत खतरनाक रूप ले लेता है।

जहां तक हिंदी का प्रश्न है तो आजादी से पहले जिन मूल्यों की तलाश में आम आदमी ने संघर्ष

किया, वही मूल्य आजादी के बाद और अधिक विघटित हो गए हैं। ऐसे में आम आदमी के पास अपनी बात को कहने के लिए विकल्प नहीं रहा था परंतु अब आम आदमी के पास तकनीक आने से उसने अपने लिए विकल्पों की स्वयं ही खोज करनी शुरू कर दी है।

फलतः सोशल मीडिया उनके लिए अभिव्यक्ति का सबसे बड़ा माध्यम बन कर उभरा है। इसमें कोई संदेह नहीं कि तेजी से आम आदमी की अभिव्यक्ति बनने की ओर अग्रसर है यह सामाजिक मीडिया।

आज सोशल मीडिया लोगों की जिंदगी पर हावी होता जा रहा है। फेसबुक पर 'Check in' के जरिए दुनिया भर के लोग यह जान जाते हैं कि आप कहां हैं। हालांकि, आप कभी यह नहीं जान पाते हैं कि कौन आपकी सोशल मीडिया एक्टिविटी को देख या ट्रैक कर रहा है।

सोशल मीडिया पर शेयर की जाने वाली बातें कभी–कभी हमारे लिए खतरनाक भी हो सकती है क्योंकि इसके जरिए लोग हमें ट्रैक कर सकते हैं और हमारी हरकतों को ट्रैक कर हमारे साथ गलत भी कर सकते हैं।

उंगलियों पर जानकारी रखने वाले सोशल मीडिया प्राणियों के पास हर चीज का जवाब है. जवाब जो

उन्हें फटाफट गूगल करके मिल जाता है। वो जवाब जो उन्हें सोशल मीडिया पर 'जानकार' कहलाने के लिए काफी है।

कोई मुद्दा ऐसा नहीं जिसके बारे में आप अपना नजरिया नहीं रख सकते, लेकिन कहीं ये जरूरत से ज्यादा जानकारी हमारे लिए हानिकारक तो नहीं बनती जा रही है? क्या जरूरी है कि दुनिया में होने वाली हर एक बात हमें पता ही हो? सोशल मीडिया पर कभी–कभी अनजान बने रहने में भी आखिर क्या बुराई है?

सोशल मीडिया यानी फेसबुक, ट्विटर और इन सबमें सबसे आगे वॉट्सऐप। यहां जानकारियों की खदान है। हालांकि इसकी कोई गारंटी नहीं कि यह जानकारियां सही हो हो। अगर गहराई में जाएंगे तो फैमिली वॉट्सऐप ग्रुप में मिलने वाले 'आयुर्वेदिक दवाइयों के असर' 'चीन की सड़कों पर उड़ने वाली कार' जैसे मैसेज की सच्चाई के परखच्चे उड़ जाएंगे। तो ऐसे में गलत जानकारी रखने से बेहतर क्या यह नहीं होगा कि हमें कुछ पता ही न हो।

मिशिगन यूनिवर्सिटी के प्रोफेसर डेविड डनिंग की रिसर्च कहती है कि भले ही हमारे पास जानकारियों और तथ्यों की खदान हो, लेकिन

इसके बावजूद हम गुमराह हो सकते हैं। इसे 'डनिंग–क्रूगर इफेक्ट' का नाम दिया गया है।

'डनिंग क्रूगर इफेक्ट के मुताबिक कम जानकर लोगों को नहीं पता कि उन्हें कितना कम पता है और न ही वो इस स्थिति में है कि ये जान पाएं कि उन्हें कितना कम पता है, क्योंकि अगर उन्हें ये पता होता कि उन्हें कितना कम पता है, तो वो पहले ही उसे ठीक करने का काम शुरू कर चुके होते। ' यही नजरिया हमारे रोजमर्रा के फैसलों पर असर डालता है, क्योंकि हम अपने काम का आकलन भी उसी बुद्धि के साथ करते हैं, जिस बुद्धि के साथ हमने पहले पहल वो काम किया होता है। तो इस हिसाब से हमें कभी यह पता चल ही नहीं पाता कि शायद हम किसी गलत बात को सही मान रहे हैं।

प्रोफेसर डनिंग के मुताबिक डनिंग ने अपनी रिसर्च में जरूरत से ज्यादा जानकारी को मेडिकल के संदर्भ में भी समझाया। डनिंग के मुताबिक कई लोग डॉक्टर के पास न जाकर इंटरनेट पर भरोसा करना ज्यादा पसंद करते हैं। जो डॉक्टर के पास जाते हैं, वो इंटरनेट की जानकारी के साथ जाते हैं जिनसे डॉक्टर एक तिहाई बार असहमत ही नजर आते हैं।

इंटरनेट लोगों को जानकारी जुटाने में मदद करता है, उन्हें एहसास दिलाता है कि उन्हें काफी ज्ञान है, यह एहसास दिलाता है कि वो एक विशेष विषय के बारे में सब कुछ जानते हैं। जबकि सच तो यह है कि बहुत कुछ है जो वो नहीं जानते — अफसोस कि उन्हें एहसास ही नहीं है कि उन्हें नहीं पता। इसी एहसास का न होना खतरनाक है।

ऐसे में आधी अधूरी जानकारी से बेहतर है, जानकारी का बिल्कुल न होना। एक खाली स्लेट के साथ डॉक्टर के पास जाएंगे तो इलाज बेहतर तरीके से हो पाएगा।

वरना ऐसा भी हो सकता है कि छोटा सा वायरल भी आपको इंटरनेट के ज्ञान से कैंसर जैसा लाइलाज रोग लगने लगे। इसलिए कुछ न पता होने का भी सुख लीजिए। अति किसी भी चीज की खराब होती है और डिजिटल युग में यह खराब से खतरनाक होती जा रही है।

फर्जी खबरें फैलाने के लिए सोशल मीडिया का प्रयोग कर रहे हैं राजनीतिक दल

ऑक्सफोर्ड के एक अध्ययन में यह बात सामने आई है कि सरकारी एजेंसियां और राजनीतिक पार्टियां फर्जी खबरें फैलाने, सेंशरशिप करने,

मीडिया, जनसंस्थानों और विज्ञान में लोगों का विश्वास घटाने के लिए सोशल मीडिया मंचों का प्रयोग कर रहे हैं और इसके लिए वे लाखों डॉलर खर्च कर रहे हैं।

विशेषज्ञों का कहना है कि कंप्यूटर के माध्यम से फैलाए जाने वाले दुष्प्रचार को रोकने की लाख कोशिशों के बावजूद सोशल मीडिया के के प्रयोग से जनमत को अपने हिसाब से ढालना काफी आसान हो गया है जो कि दुनियाभर में एक गंभीर खतरे के रूप में उभरा है. ब्रिटेन के ऑक्सफोर्ड विश्वविद्यालय की रिपोर्ट में पाया गया है कि यह समस्या बड़ी तेजी से बढ़ रही है।

ऐसे राजनीतिक दलों की संख्या बढ़ती गई जिन्होंने ब्रेक्जिट और अमेरिका के 2016 के राष्ट्रपति चुनाव के दौरान की रणनीतियों से सीख ली। प्रचार करने वाले लोग, फर्जी खबरों और गलत सूचना का इस्तेमाल ध्रुवीकरण और मतदाताओं को प्रभावित करने के लिए कर रहे हैं। ऐसे कई लोकतांत्रिक देशों में इंटरनेट पर फर्जी खबरों का मुकाबला करने के लिए नये कानून बनाये जाने के बाद भी ऐसी स्थिति है।

OOO

सोशल मीडिया में नौकरियों के बढ़ते क्रेज

हम में से बहुत सारे लोग ऐसे होगे जिन्हें सोशल मीडिया पर समय बिताना बहुत पंसद होता है। कई बार लोग अपना सारा दिन सोशन मीडिया पर बिता देते है। अगर आप को भी अपना ज्यादा वक्त सोशल मीडिया पर बिताना पंसद है तो आप अपने इस शौक को अपनी कमाई का जरिया भी बना सकते है। जमाना कब का बीत गया, जब अच्छी नौकरी पाने के लिए या तो अखबारों पर निर्भर रहना पड़ता था या रोजगार कार्यालय में नाम दर्ज कराना पड़ता था या फिर जान–पहचान द्वारा जुगाड़ करना पड़ता था, क्योंकि तब जॉब वेकेंसी का पता ही नहीं चलता था। इससे बुद्धिमान, क्वालिफाइड लोग बेरोजगार रह जाते थे और

सामान्य से व्यक्ति को नौकरी मिल जाती थी। आज ऐसा नहीं है। टेक्नोलॉजी बहुत आगे बढ़ चुकी है।

देश–दुनिया में अभी सोशल मीडिया के क्षेत्र में नौकरियों के लिए आपमें अलग तरह की योग्यता और खास क्षमताएं होनी जरूरी हैं। खासतौर पर आप फेसबुक और ट्विटर जैसी साइट पर अच्छे से काम कर सकते हों ताकि जिस कंपनी के लिए काम करने जाएं वहां की ब्रॉन्ड प्रमोशन, प्रोडक्ट लांच आदि काम को अच्छे से कर सकें।

चूंकि यह क्षेत्र काफी नया है, इसलिए अगर आप भी तकनीकी जगत में काफी सोशल हों और सोशल मीडिया के प्रति आपका लगाव जबरदस्त हो तो आप इस क्षेत्र में कॅरियर संवार सकते हैं।

कंपनियां आज 'सोशल मीडिया स्पेशलिस्ट' हायर कर रही हैं, जो सोशल साइट पर प्रोडक्ट की लॉन्चिंग, कंज्यूमर के साथ कम्यूनिकेट और रिसर्च जैसा काम कर सके।

आजकल काम के अवसरों की कमी नहीं है. चाहे सरकारी दफ्तर हो या प्राइवेट कंपनियां, सभी को नए लोगों की आवश्यकता होती है और ये लोग नौकरी के विज्ञापन अखबारों पर और ऑनलाइन पोर्टल पर डालते रहते हैं।

अतः इंटरनेट की मदद से आप नौकरी के कई अवसर प्राप्त कर सकते हैं और अपनी पसंद की नौकरी पा सकते हैं।

आइए जानते है कुछ ऐसी जॉब्स के बारे में –
नौकरी के लिए हैं मौके

सोशल मीडिया का इस्तेमाल जिस तेजी से बढ़ा है, उसी तेजी से इसके विशेषज्ञों की मांग भी बढ़ रही है। कई ऐसे नए कॅरियर विकसित हो गए हैं, जिनसे बड़े स्तर पर लोग अभी भी अनजान हैं। सोशल मीडिया में विशेषज्ञता रखने वाले कर्मियों के लिए गूगल, फेसबुक, लिंक्डइन व ट्विटर के अलावा विभिन्न मोबाइल व इलेक्ट्रॉनिक्स कंपनियों और आईटी क्षेत्र में काम करने के अच्छे मौके हैं।

कोर्स भी चला रहे संस्थान

सोशल मीडिया के क्षेत्र में नौकरियों की बढ़ती मांग को देखते हुए बहुत से संस्थानों ने इसके लिए बाकायदा अलग से कोर्स भी शुरू किए हैं। हाल में इंटरनेट एंड मोबाइल एसोसिएशन ऑफ इंडिया ने वैट मीडिया प्राइवेट लिमिटेड के साथ मिलकर इंडिया का पहला सोशल मीडिया कोर्स शुरू किया है। किसी भी सोशल नेटवर्किंग साइट पर किसी

ब्रांड की प्रस्तुति सोशल मीडिया यूजर के दिमाग पर पॉजिटिव एवं नेगेटिव, दोनों ही प्रभाव छोड़ सकती है। ऐसे में किसी ब्रांड के पॉजिटिव प्रभाव के लिए सही प्रस्तुति अहम होती है, जिसे सही तरीके से उस साइट पर एक निपुण व अनुभवी विशेषज्ञ ही प्रस्तुत कर सकता है। मार्केट में सोशल मीडिया स्पेशलिस्ट की बढ़ती डिमांड को देखते हुए ही आईआईएम और आईएसबी जैसे बिजनेस स्कूल सोशल मीडिया पर कोर्स तैयार कर रही है। वहीं एनआईआईटी एम्पेरिया ने सोशल मीडिया मार्केटिंग पर एडवांस्ड प्रोग्राम की शुरुआत की है।

गर्दन झुकाए फोन या लैपटॉप में घुसे लोगों को अक्सर आपने देखा होगा। मेट्रो में, कैफे में, होटल में, रेलवे स्टेशन पर, एयरपोर्ट पर या फिर किसी ऐसी जगह जहां आप सोच भी नहीं सकते। क्या आपको लगता है कि ये सभी हर वक्त फेसबुक, ट्विटर, इंस्टाग्राम या व्हाट्स एप में ही उलझे रहते हैं? नहीं, ऐसा नहीं है। अब सोशल मीडिया के तमाम प्लेटफार्म आपके लिए केवल मनोरंजन का साधन ही नहीं हैं बल्कि धीरे–धीरे ये आपके करियर व बिजनेस का एक जरूरी टूल भी बनते जा रहे हैं। आप नौकरी–पेशा हैं या फिर कॉरपोरेट या फिर सरकारी कामकाजी, आपके लिए सोशल मीडिया से जुड़े रहना एक बाध्यकारी नियम बनता जा रहा है।

अगर आप सोशल मीडिया एक्पर्टाइज से जुड़ा हुआ कोई कोर्स करते है तो आपके लिए इस क्षेत्र में जॉब के ढेर सारे ऑप्शन उपलब्ध है। कई डिजिटल मार्केटिंग कंपनियां इस क्षेत्र के विशेषज्ञों को हायर करती है। इसके अलावा सोशल मीडिया की दिग्गज कंपनियां जैसे गूगल, फेसबुक, लिंक्डइन और ट्विटर जैसी कंपनियों में भी आपको जॉब मिल सकता है। इसके अलावा आप विभिन्न मोबाइल व इलेक्ट्रॉनिक्स कंपनियों और आई कंपनियों में भी आपके लिए कई अवसर उपलब्ध है।

इस दिशा में कॅरियर और जॉब्स की संभावनाएं

कंप्यूटर साहाय्य अनुवादकः अनुवाद आज पूर्ण उद्योग के रूप में विकसित हो चुका है। अनेक स्थानीय और अंतरराष्ट्रीय कंपनियाँ इसमें काम करती हैं जिनका काम कुछ से लेकर सैकड़ों भाषाओं में फैला होता है।

इसका टर्नोवर अरबों डॉलर में है और कैट टूल्स में काम करना पेशेवर अनुवादक के लिए अनिवार्य हो चुका है और हाँ, अच्छे अनुवादक अनुवाद के लिए रु. 5 प्रति शब्द या इससे ज़्यादा मानदेय माँगते हैं और लेते हैं। अच्छे अनुवादकों की मांग बढ़ रही है। कई ऐसे नए कॅरियर विकसित हो गए हैं, जिनसे बड़े स्तर पर लोग अभी भी अनजान हैं।

सोशल मीडिया मैनेजरः एक सोशल मीडिया मैनेजर टू वे कम्युनिकेशन का काम करता है। वह इसके लिए सही चैनल तलाशता है, फिर अपने प्रोडक्ट को अर्थपूर्ण योजना के साथ लोगों के सामने पेश करता है। सोशल मीडिया मैनेजर न्यू मीडिया के तहत आता है। यह वेब जर्नलिज्म से ही जुड़ा है। सोशल मीडिया मैनेजर का काम कम शब्दों में प्रभावी ढंग से किसी ब्रांड को प्रस्तुत कर इंटरनेट यूजर को ब्रांड वैल्यू के प्रति आकर्षित करना है। बात इतने पर ही खत्म नहीं हो जाती। सोशल मीडिया मैनेजर ब्रांड के क्राइसिस सॉल्यूशन को भी बेहतर ढंग से सुलझाने में मददगार है यानी सोशल मीडिया मैनेजर का काम कस्टमर एवं क्लाइंट के बीच बेहतर संपर्क स्थापित करना है।

अगर आप जिम्मेदारी निभा सकते हैं और कुछ लोगों की टीम को लीड कर सकते हैं? तो यह जॉब आपके लिए है। एक सोशल मीडिया मैनेजर मुख्य रूप से टीम को लीड करता है और साथ ही ऐसी रणनीति पर नजर बनाए रखता है जिससे कि ब्रैंड को फायदा पहुंच सके।

इस प्रोफैशन में ब्राइट फ्यूचर की उम्मीद रखना गलत नहीं होगा।

सोशल मीडिया स्ट्रेटेजिस्टः इसका काम सोशल मीडिया के उस प्रोग्राम का इस्तेमाल करना है, जिसके माध्यम से मार्केटिंग कैंपेन को ज्यादा प्रभावी बनाया जा सके। इसका काम वेबसाइट ट्रैफिक को भी मॉनीटर करना होता है ताकि वह सोशल मीडिया कैंपेन की सफलता को देख सके। इसके अलावा कंपनी का सोशल मीडिया अकाउंट भी इसी को हैंडिल करना होता है।

सोशल मीडिया सेल्स रिप्रेजेंटेटिवः इसका काम तमाम क्लाइंट्स को इस बात के लिए तैयार करना कि वो अपने प्रोडक्ट का प्रमोशन और विज्ञापन सोशल मीडिया के माध्यम से करें। इसका अर्थ ये हुआ कि सोशल मीडिया मार्केटिंग के बिजनेस से जुड़ी कंपनियों में इनकी आवश्यकता होती है। यही उनके लिए रेवेन्यू लाने का काम करते हैं। इनको अपने क्लाइंट्स को इस बात के लिए भी राजी करना होता है कि सोशल मीडिया पर मार्केटिंग और विज्ञापन करने से उनकी बिक्री में कितना असर पड़ा या कितने लोगों ने उनके ब्रांड को सोशल मीडिया के प्रमोशन से पहचाना है।

सोशल मीडिया स्पेशिऐलिस्टः अगर आप एक साथ कई बड़ी जिम्मेदारियों को निभाने की क्षमता रखते हैं तो इस जॉब के लिए के लिए फिट है। सोशल मीडिया स्पेशिऐलिस्ट्स को कंपनी के लिए रणनीति बनाने के साथ ही कई कंपनियों के

क्लाइंट्स से भी मिलना होता है। इसमें सोशल मीडिया पर पर होने वाले संवाद पर नजर बनाए रखनी होती है।

सोशल मीडिया को-ऑर्डिनेटरः बतौर सोशल मीडिया को-ऑर्डिनेटर, आपको हर रोज लाइव जाने वाली सोशल पोस्ट्स को देखना होता है। एक व्यवस्थित तरीके से सोशल मीडिया पर की जाने वाली पोस्ट्स के कंटेंट का रिकॉर्ड रखना होता है। को-ऑर्डिनेटर सोशल मीडिया पर कंपनी और इसके कस्टमर्स के बीच में एक लिंक का काम करता है। इस जॉब में आपको सोशल मीडिया पर कस्टमर्स की तरफ से आने वाले सवालों का जवाब भी देना होता है।

सोशल मीडिया ऐनालिस्टः सोशल मीडिया ऐनालिस्ट को सर्च इंजन ऑप्टिमाइजेशनॅ(म्) की अच्छी जानकारी होनी चाहिए जिससे कि वह कंपनी की वेबसाइट को सोशल मीडिया पर प्रमोट कर सके। इस जॉब में बदलते ट्रेंड्स के अनुसार आपको प्लान बनाना होता है।

सोशल मीडिया प्लानरः सोशल मीडिया प्लानर का काम अपनी कंपनी के प्रॉडक्ट्स और ब्रैंड को अलग-अलग सोशल मीडिया प्लैटफॉर्म्स पर ऐडवर्टाइज करना होना है। इसके लिए आपको खास रणनीति बनानी होती है ताकि कंपनी के

प्रॉडक्ट्स की अच्छे तरीके से ऐडवर्टाइजमेंट की जा सके।

मार्केटिंग मैनेजर: मार्केटिंग मैनेजर का काम न्यूजपेपर,टीवी, मैगजीन आदि के लिए ऐडवर्टाइजमेंट से संबंधित होता है। अब सोशल मीडिया के विस्तार के कारण इस फील्ड में भी मार्केटिंग मैनेजर्स की आवश्यकता पड़ती है। यह एक बेहतरीन और क्रिएटिव जॉब है।

ग्राफिक डिजाइनर: ग्राफिक डिजाइनर का मुख्य काम सुंदर और क्रिएटिव फोटो बनाना होता है। सोशल मीडिया या अन्य माध्यमों पर पोस्ट होने वाली तस्वीरें फोटोशॉप जैसे सॉफ्टवेयर की सहायता से ग्राफिक डिजाइनर क्रिएट करता है। अगर आपको इन चीजों में इंट्रेस्ट है तो यह आपके लिए एक बेहतर विकल्प साबित हो सकता है।

कॉपीराइटर: कॉपीराइटर का काम कंपनी के लिए सोशल मीडिया कंटेंट लिखना होता है। कॉपीराइटर जिस विषय पर लिख रहा है, उसे संबंधित विषय की अच्छी जानकारी होनी चाहिए।

सोशल मीडिया के निदेशक: आप कंपनी के सोशल मीडिया रणनीति के लिए जिम्मेदार है, और अन्य लोगों के प्रबंधन के लिए। निर्धारित समय

सारिणी के अनुसार, आप कई प्लेटफार्मों पर सोशल मीडिया खातों में पोस्ट करने का प्रभारी है। आप सामग्री बनाने के लिए या सामग्री कैलेंडर बनाने में संपादकों की देखरेख के लिए जिम्मेदार हैं। आप ब्लॉग भी लिख सकते हैं या देख सकते हैं। आप अपनी कंपनी की ''आवाज'' और सामाजिक मीडिया व्यक्तित्व बनाने के लिए जिम्मेदार हो हैं आपके पर्यवेक्षक की तुलना में आपको सोशल मीडिया के बारे में अधिक जानने की संभावना होगी।

ऑनलाइन फॉरेंसिक एक्सपर्ट- आज लगातार साइबर से जुड़े अपराध हमारे सामने आ रहे है जिससे इस क्षेत्र में डिजिटल फॉरेंसिक एक्सपर्ट या ऑनलाइन फॉरेंसिंक एक्सपर्ट की मांग बढ़ गई है। अब ऐसा समय आ गया है कि हर चीज ऑनलाइन हो गई है जिससे लोगों की लगातार ऑनलाइन उपलब्धता बढ़ी है जब इतनी बड़ी संख्या में लोग एक ही प्लेटफॉर्म होंगे तो ये जरूरी है कि इससे जुड़े अपराध भी होंगे। सॉफ्टवेयर चोरी, धमकी भरे ईमेल, ऑनलाईन धोखाधड़ी जैसे अपराध आए दिन हो रहे है जिससे ऑनलाइन फॉरेंसिक एक्सपर्ट की मांग काफी बढ़ गई है।

इसी काम के लिए आप अपने क्षेत्र में एक विशेषज्ञ ब्लॉगर, ब्रांड एंबेसडर, ब्रांड प्रबंधक, समुदाय प्रबंधक, सामग्री प्रबंधक, सामग्री रणनीतिकार,

डिजिटल संचार व्यावसायिक, डिजिटल सामग्री प्रबंधक, डिजिटल मीडिया प्रबंधक, डिजिटल मीडिया पर्यवेक्षक, समुदाय के निदेशक, निदेशक, संचार योजना, **निदेशक, ऑनलाइन संचार** निदेशक, सामाजिक विपणन और ब्रांड संचार, निदेशक, सोशल मीडिया मार्केटिंग, सोशल मीडिया के निदेशक सामाजिक मीडिया संचार के निदेशक, निदेशक, सोशल मीडिया रिलेशंस, सोशल मीडिया स्ट्रक्चर के निदेशक, सगाई समन्वयक, सगाई प्रबंधक, इंटरएक्टिव मीडिया एसोसिएट, इंटरएक्टिव मीडिया समन्वयक, इंटरएक्टिव मीडिया प्रबंधक, इंटरनेट मार्केटिंग समन्वयक, इंटरनेट विपणन प्रबंधक, प्रबंधक डिजिटल और सामाजिक मीडिया, प्रबंधक, सामाजिक मीडिया, मल्टी मीडिया संचार विशेषज्ञ, **ऑनलाइन सामग्री समन्वयक,** सामाजिक मीडिया अकाउंट कार्यकारी, सोशल मीडिया विश्लेषक, सोशल मीडिया सहायक, सोशल मीडिया असोसिएट, सोशल मीडिया समन्वयक, सोशल मीडिया डिजाइनर, सोशल मीडिया एडिटर, सोशल मीडिया एक्जीक्यूटिव, सोशल मीडिया मार्केटिंग कोऑर्डिनेटर, सोशल मीडिया निर्माता, सोशल मीडिया विशेषज्ञ, सोशल मीडिया विशेषज्ञ, सोशल मीडिया रणनीतिकार के रूप में स्थापित हो सकते हैं।

अन्य संभावित खिताबों में सोशल मीडिया मार्केटिंग, सोशल मीडिया संचार, सोशल मीडिया

रिलेशनशिप, या सोशल मीडिया रणनीति के निर्देशक या प्रबंधक शामिल हैं। यदि आप एक प्रबंधक हैं, तो आप केवल आपकी कंपनी के सोशल मीडिया मैसेजिंग के प्रभारी नहीं होंगे, आप जनता के ऑनलाइन व्यवहार के मार्गदर्शन के लिए भी जिम्मेदार होंगे। आप एक विपणन रणनीति को निष्पादित करेंगे, जिसमें आपकी सामग्री का जवाब, पुनः साझा या फिर से ट्वीट करने के लिए जनता के सदस्यों को शामिल करना शामिल है (यानी यह वायरल हो), या आपकी कंपनी को उस सूचना के साथ प्रदान करें जिसे वह बाद में उपयोग कर सकती है अपनी सेवा में सुधार करें और अपनी बिक्री बढ़ाएं। आप खुद को समुदाय का एक निदेशक, एक इंटरैक्टिव मीडिया सहयोगी (या समन्वयक, या प्रबंधक), या एक इंटरनेट मार्केटिंग प्रबंधक भी कह सकते हैं।

OOO

futuretricks.org

ब्लॉगिंग यानी आम आदमी
की बुलंद अभिव्यक्ति

विश्व में बोली जाने वाली अनेक भाषाओं में इंटरनेट के माध्यम से अभिव्यक्ति की बात की जाये तो एक ही शब्द जेहन में आता है और वह है ब्लॉग। इस शब्द को 1999 में पीटर मरहेल्ज नाम के शख्स ने ईजाद किया था। सबसे पहले जोर्न बर्जर ने 17 दिसंबर 1997 में वेबलॉग शब्द का इस्तेमाल किया था। इसी को पीटर मरहेल्ज ने मजाक–मजाक में मई 1999 को अपने ब्लॉग पीटरमी डॉट कॉम की साइड बार में 'वी ब्लॉग'

कर दिया। बाद में 'वी' को भी हटा दिया और 1999 में 'ब्लॉग' शब्द आया। हिंदी ब्लॉगिंग की शुरुआत 23 अप्रैल 2003 को हुई थी और हिंदी का पहला अधिकृत ब्लॉग होने का सौभाग्य प्राप्त है नौ दो ग्यारह को। हिन्दी ब्लॉगों के लिए चिट्ठा शब्द प्रचलित हुआ और ब्लॉगरों को चिट्ठाकार कहा जाने लगा।

ब्लॉगिंग ने पाठक को लेखक बनाकर उसके हाथ में ऐसा हथियार दे दिया जिससे वह दुनिया के किसी भी कोने में पलक झपकते पहुँच सकता था। अभिव्यक्ति की वास्तविक, त्वरित, और कम खर्चीली स्वतंत्रता जैसी एक ब्लॉग दे सकता है, वह किसी अन्य माध्यम में उपलब्ध नहीं है। शुरूआत में तो यह लेखन का शौक रखने वालों में लोकप्रिय हुई, लेकिन जैसे–जैसे लोगों को खूबियों का पता चला, वैसे–वैसे इसके उपयोगकर्ता भी बढ़ते गए।

आज लोग हर उस विषय पर ब्लॉगिंग कर रहे हैं जिसकी हम कल्पना नहीं कर सकते। सच तो यह है कि अब केवल यह शौक नहीं रहा, अपितु लाखों रुपए हर महीने कमाने का माध्यम बन गया है। कंपनियाँ अपने उत्पादों का प्रचार करने के लिए और विज्ञापन देने वाली कंपनियाँ विज्ञापन पोस्ट करने के लिए ब्लॉगरों की मदद लेती हैं।

हिंदी ब्लॉगिंग के शैशव काल (वर्ष–2003 से 2007 के मध्य) के दौरान जगदीश भाटिया, मसिजीवी, आभा, बोधिसत्व, अविनाश दास, अनुनाद सिंह, शशि सिंह,गौरव सोलंकी, पूर्णिमा वर्मन, अफलातून देसाई, अर्जुन स्वरूप, अतुल अरोरा, अशोक कुमार पाण्डेय, अतानु दे, अविजित मुकुल किशोर, बिज स्टोन, चंद्रचूदन गोपालाकृष्णन, चारुकेसी रामदुरई, हुसैन, दिलीप डिसूजा, दीनामेहता, डॉ जगदीश व्योम, ई–स्वामी, जीतेंद्र चौधरी, मार्क ग्लेसर, नितिन पई, पंकज नरूला, प्रत्यक्षा सिन्हा, रमण कौल, रविशंकर श्रीवास्तव, शशि सिंह, विनय जैन, वरुण अग्रवाल, सृजन शिल्पी, सुनील दीपक, नीरज दीवान, श्रीश शर्मा, जय प्रकाश मानस, अनूप भार्गव, शास्त्री जे सी फिलिप, हरिराम, आलोक पुराणिक, समीर लाल समीर, ज्ञान दत्त पाण्डेय, रबिश कुमार, अभय तिवारी, नीलिमा, अनाम दास, काकेश, मनीष कुमार, घुघूती बासूती, उन्मुक्त जैसे उत्साही ब्लॉगर हिंदी ब्लॉगिंग की सेवा में सर्वाधिक सक्रिय रहे।

हालाँकि हिंदी ब्लॉग जगत अपने जन्म से हीं सामाजिक विसंगतियों पर प्रहार करता आ रहा है, किन्तु वर्ष–2010 में हिंदी ब्लॉगिंग हर तरह से प्रगतिशीलता की ओर अग्रसर हुयी। संख्या और गुणवत्ता दोनों दृष्टिकोण से इस वर्ष एक नयी क्रान्ति की प्रस्तावना हुयी। हिंदी ब्लॉग की संख्या 12000 के आंकड़ो को पार कर गयी, लेकिन

वर्ष—2011 की ऐतिहासिकता का अपना एक अलग महत्व है। क्योंकि इस वर्ष उसके हलचलों की वैश्विक स्तर पर केवल चर्चा ही नहीं हुयी है वल्कि इस बात को भी स्पष्ट रूप से स्वीकार किया गया कि आम भारतीयों की स्थिति को हिंदी **ब्लॉग** जगत ने जितना वेहतर ढंग से प्रस्तुत किया है उतना न तो हिंदी की इलेक्ट्रोनिक मीडिया ने और न प्रिंट मीडिया ने ही प्रस्तुत किया इस वर्ष। यानी इस वर्ष हिंदी ब्लॉगिंग ने न्यू मीडिया के रूप में अपनी भूमिका का पूरा निर्वाह किया।

वर्ष—2011 में अप्रत्याशित रूप से बहुतेरे नए और अच्छे ब्लॉग का आगमन हुआ। चिट्ठाजगत के आंकड़ों के अनुसार इस वर्ष की प्रथम तिमाही में लगभग सबा छः हजार के आसपास हिंदी के ब्लॉग अबतरित हुए हैं, दूसरी तिमाही में पांच हजार आठ सौ। इसके बाद चिट्ठाजगत ने आंकड़े देने बंद कर दिए। मैंने परिकल्पना की ओर से ब्लॉग सर्वे किया था और कुल मिलाकर जिस निष्कर्ष पर पहुंचा उसके हिसाब से इस वर्ष 8 हजार के आसपास हिंदी के ब्लॉग अवतरित हुए, जिसमें से लगभग एक हजार के आसपास पूर्णतः सक्रिय है। इस वर्ष के आंकड़ों को पूर्व के आंकड़ों में मिला दिया जाए तो लगभग 20 हजार ब्लॉग हिंदी के हैं, किन्तु सक्रियता की दृष्टि से देखा जाए तो हिंदी अभी भी काफी पीछे है क्योंकि हिंदी में सक्रिय ब्लॉग की संख्या अभी भी पांच हजार से ज्यादा

नहीं है। वहीँ भारत की विभिन्न भाषाओं को मिला दिया जाये तो अंतरजाल पर यह संख्या पांच लाख के आसपास है। तमिल, तेलगू और मराठी में हिंदी से ज्यादा सक्रिय ब्लॉग है।

वर्ष–2011 की शुरुआत एक ऐसी संगोष्ठी से हुयी, जहां पहले प्रयोग के तहत वेबकास्टिंग से कार्यक्रम का सीधा प्रसारण पूरे विश्व में हुआ। प्राकृतिक सौन्दर्य से परिपूर्ण उत्तराखंड के खटीमा कसबे में यह आयोजन हुआ 11 जनवरी को हुआ, जिसमें उपस्थित हुए देश भर के ब्लॉगर। 22 जनवरी को आदर्श नगर दिल्ली में आयोजित ब्लॉगर संगोष्ठी में अविनाश वाचस्पति ने तो यहाँ तक कह दिया कि ''हिन्दी का प्रयोग न करने को देश में क्राइम घोषित कर दिया जाना चाहिए।

4 फरवरी को हिंदी चिट्ठाकारी के प्रखर स्तंभ श्री समीर लाल समीर (ब्लॉगः उड़न तश्तरी) के सम्मान में दिल्ली स्थित कनाट प्लेस वुमेन्स प्रेस क्लब में एक ब्लॉगर मिलन का आयोजन हुआ। नजाकत, नफासत और तमद्दुन का शहर लखनऊ में 7 फरवरी की शाम मीडिया और ब्लॉग जगत के नाम रही।

अवसर था हिंदी के चर्चित ब्लॉगर डा. सुभाष राय के संपादन में प्रकाशित हिंदी दैनिक ''जन सन्देश टाईम्स'' के लोकार्पण का।

8–9–10 फरवरी को यमुना नगर (हरियाणा) में प्रवासी सम्मलेन हुआ जिसमें सुप्रसिद्ध कथाकार एवं हंस पत्रिका के संपादक राजेंद्र यादव ने कहा कि निर्वासित होने का दर्द हम सबके भीतर बना रहता है। 25–26 फरवरी को कविता समय आयोजन में पहला कविता समय सम्मान हिंदी के वरिष्ठतम कवियों में एक चंद्रकांत देवताले को और पहला कविता समय युवा सम्मानयुवा कवि कुमार अनुपम को दिया गया। 05 मार्च 2011 को नई दिल्ली में हिन्द–युग्म वर्ष 2010 का वार्षिकोत्सव मनाया गया।

30 अप्रैल 2011 को दिल्ली के हिंदी भवन में परिकल्पना ने हिंदी साहित्य निकेतन और नुक्कड़ के सहयोग से एक भव्य आयोजन किया। इस अवसर पर देश और विदेश में रहने वाले लगभग 400 ब्लॉगरों की उपस्थिति रही, जिसमें परिकल्पना समूह के तत्वावधान में इतिहास में पहली बार आयोजित ब्लॉगोत्सव 2010 के अंतर्गत चयनित 51 ब्लॉगरों का सारस्वत सम्मान किया गया।

इसी क्रम में इसी मंच से नुक्कड़ के द्वारा भी 13 विषय विशेषज्ञ ब्लॉगरों का सम्मान किया गया। इस अवसर पर दो नई प्रकाशित पुस्तकों क्रमशः **हिंदी ब्लॉगिंगः अभिव्यक्ति की नयी क्रान्ति और उपन्यास ताकि बचा रहे लोकतंत्र** का विमोचन, परिचर्चाएँ एवं सांस्कृतिक संध्या आदि कार्यक्रम भी

विशेष आकर्षण में रहे। पूरे कार्यक्रम का जीवंत प्रसारण इंटरनेट के माध्यम से समूचे विश्व में किया गया।

ललित शर्मा और डॉ कुलदीप चंद अग्निहोत्री की अध्यक्षता में एक संगोष्ठी हिमाचल प्रदेश विश्वविद्यालय के क्षेत्रीय केंद्र धर्मशाला में 04 मई 2011 को आयोजित की गयी थी जिसका विषय ''हिंदी भाषा भाषा न्यू मिडियाः संभावनाएं और चुनौतियां'' था। यह संभवतः हिंदी ब्लॉगिंग, भाषा और न्यू मीडिया को लेकर विश्वविद्यालय स्तर पर आयोजित होने वाली पहली संगोष्ठी थी। इस वर्ष कविता कोष सम्मान की भी उद्घोषणा हुई, प्रथम कविता कोश सम्मान समारोह 07 अगस्त 2011 को जयपुर में जवाहर कला केंद्र के कृष्णायन सभागार में संपन्न हुआ। इसमें दो वरिष्ठ कवियों (बल्ली सिंह चीमा और नरेश सक्सेना) एवं पाँच युवा कवियों (दुष्यन्त, अवनीश सिंह चौहान, श्रद्धा जैन, पूनम तुषामड़ और सिराज फैसल खान) को सम्मानित किया गया।

11 सितंबर को भारतीय जन नाट्य संघ की उत्तर प्रदेश इकाई और लोकसंघर्ष पत्रिका के तत्वावधान में लखनऊ के कैसरबाग स्थित जयशंकर प्रसाद सभागार में सहारा इंडिया परिवार के अधिशासी निदेशक श्री डी. के. श्रीवास्तव के कर कमलों द्वारा मेरी सद्यः प्रकाशित पुस्तक 'हिंदी ब्लॉगिंग का

इतिहास" का लोकार्पण हुआ। इस अवसर पर वरिष्ठ साहित्यकार और आलोचक श्री मुद्रा राक्षस, दैनिक जनसंदेश टाइम्स के मुख्य संपादक डा. सुभाष राय, वरिष्ठ साहित्यकार श्री विरेन्द्र यादव, श्री शकील सिद्दीकी, रंगकर्मी राकेश जी, पूर्व पुलिस महानिदेशक श्री महेश चन्द्र द्विवेदी, साहित्यकार डा. गिरिराज शरण अग्रवाल आदि उपस्थित थे।

वर्ष 2011 के लिए ''राष्ट्रीय बाल पुरस्कार'' 14 नवम्बर 2011 को विज्ञानं भवन, नई दिल्ली में आयोजित एक भव्य कार्यक्रम में भारत सरकार की महिला एवं बाल विकास मंत्री श्रीमती कृष्णा तीरथ द्वारा अक्षिता (पाखी) को कला और ब्लॉगिंग के क्षेत्र में उसकी विलक्षण उपलब्धि के लिए पुरस्कार दिया गया है।

9–10 दिसंबर को यू. जी. सी. संपोषित ब्लॉगिंग पर पहली संगोष्ठी कल्याण में हुई। इस संगोष्ठी का ''वेब कास्टिंग'' के माध्यम से पूरी दुनिया में जीवंत प्रसारण (लाईव वेबकास्ट) हुआ। पहली बार देश से बाहर वर्ष के आखिर में थाईलैंड की राजधानी बैंकॉक में आयोजित किसी अन्तराष्ट्रीय सम्मलेन में हिन्दी के चार ब्लॉगर एक साथ सम्मानित हुए, जिसमें रवीन्द्र प्रभात, नुक्कड़ ब्लॉग की मॉडरेटर गीता श्री, कथा लेखिका अलका सैनी (चंडीगढ़) और उडिया भाषा के अनुवादक ब्लॉगर दिनेश कुमार माली प्रमुख थे।

वहुचर्चित चिकित्सक डॉ टी एस दराल का ब्लॉग है अंतर्मंथन जो वर्ष—2009 से लगातार विशिष्टता के साथ सक्रिय है और विगत वर्ष की तरह इस वर्ष भी पोस्ट का शतक लगाने में सफल रहे हैं। यह ब्लॉग एक प्रकार से संवेदनाओं का गुलदस्ता है, जहां सामाजिक—संस्कृति और परिवेशगत परिस्थितियाँ करवट लेती रहती है कभी विमर्श तो कभी अभियान के रूप में। वर्ष—2011 में यह ब्लॉग काफी मुखर रहा। ब्लॉग जगत में ब्लॉग की खबरें देने के लिए पहली बार डा. अनवर जमाल खान के द्वारा ब्लॉग समाचार पत्र की तर्ज पर मार्च—2011 में 'ब्लॉग की खबरें' नामक ब्लौग लाया गया, उसके बाद 'भारतीय ब्लॉग समाचार' बना और फिर इसी लीक पर एक दो और भी चल रहे हैं।

जहाँ पिछले एक दशक में हिन्दी के खिचड़ी स्वरूप के दीवाने बढ़े हैं, वहीं ऐसे लोगों की भी कमी नहीं है, जो हिन्दी को उसके तत्सम प्रधान रूप में देखने के पक्षधर हैं। वे लोग हिन्दी के 'शुद्ध साहित्यिक' स्वरूप को लेखन के दौरान प्रयोग में लाते हैं, वरन अपने चिंतन, वाचन और सम्प्रेषण के लिए भी सहज रूप में इसका प्रयोग करते हैं। विगत कई वर्षों से सक्रीय हिमांशु कुमार पाण्डेय ने इस वर्ष भी अपने ब्लॉग 'सच्चा शरणम' में तत्सम प्रधान शब्दावली में विमर्श करते नजर आए।

आकाँक्षा यादव भी इसी श्रेणी की एक प्रतिभा संपन्न रचनाकार हैं। उनके वैचारिक और साहित्यिक चिंतन को इस वर्ष भी प्रतिष्ठापित करता रहा उनका ब्लॉ्ग 'शब्द–शिखर'। ईश्वरवादियों के रचाए मायाजाल से अलग वैचारिक मंथन के साथ नास्तिकता का दर्शन को महत्व देने बाले हिंदी के एकलौते ब्लॉग 'नास्तिकों का ब्लॉग' पर इस वर्ष विचारों की दृढ़ता स्पष्ट दृ ष्टिगोचर हुई है। इस ब्लॉग पर इस वर्ष भी तर्क–वितर्क,वाद–विवाद का दौर खूब चला।

नारी शक्ति के अभ्युयदय में जहाँ एक ओर समाज के विभिन्न क्षेत्रों में आगे आ रही प्रतिभासम्पन्न महिलाओं द्वारा तय किये गये मील के पत्थरों ने महत्वपूर्ण भूमिका निभाई है, वहीं दूसरी ओर अनेक विचारशील महिलाओं ने अपने विरूद्ध रचे जाने वाले षडयंत्रों के खुलासे करके भी महिला शक्ति के विकास में भरपूर योगदान दिया है। लखनऊ निवासी प्रतिभा कटियार एक ऐसी ही विचारशील ब्लॉगर हैं, जिनके विचारों की अनुगूँज उनके ब्लॉग 'प्रतिभा की दुनिया' में केवल इस वर्ष ही नहीं देखि गयी,अपितु विगत तीन–चार वर्षों से देखी जा रही है। पर्दे के पीछे से छिपकर लेखन के क्षेत्र में उन्मुक्त उड़ान भरने वालों में अग्रणी ब्लॉगर उन्मुक्त पर इस वर्ष भी बेशुमार उपयोगी सामग्री प्रकाशित हुई है ।

ब्लॉग जगत में ऐसी प्रतिभाओं की कमी नहीं है, जिन्होंने उचित माहौल पाकर स्वयं को आम आदमी से अलग साबित किया है और अपनी रचनात्मक क्षमताओं का लोहा दुनिया वालों से मनवाया है। अल्पना वर्मा एक ऐसी ही बहुमुखी प्रतिभा सम्पान्न ब्लॉगर हैं। उनके चर्चित ब्लॉग का नाम है 'व्योम के पार', जिसपर उनकी प्रतिभा को इस वर्ष भी देखा और परखा गया। नारी शक्ति की प्रतीक एक और शख्शियत का नाम है शिखा वार्ष्णेय जिन्होंने अपने ब्लॉग 'स्पंदन' के द्वारा विचारशील लोगों के मन के तारों को झंकृत करने के लिए इसवर्ष भी प्रयासरत नजर आई।समय की नब्ज समझने वाले ब्लॉगरों में इस वर्ष भी अग्रणी दिखे कोटा, राजस्थान निवासी दिनेश राय द्विवेदी अपने ब्लॉग 'अनवरत' के माध्यम से।

अपनी माटी, अपने सम्बंधियों से दूर जाने के बाद व्यक्ति जब अजनबीपन और अकेलापन महसूस करता है, तो नतीजतन उसके अवचेतन में बसी हुई स्मृतियाँ चाहे–अनचाहे लेखन में जगह बनाने लगती हैं। ऐसी ही मोहक स्मृतियों से सुसज्जित और माटी की गंध से लबरेज रतलाम म.प्र. में जन्में जबलपुर के मूल निवासी और कनाडाई भारतीय समीरलाल का ब्लॉग 'उड़नतश्तरी' विगत चार वर्षों से लगातार हिंदी के सर्वाधिक पढ़े जाने वाले ब्लॉग की सूची में अग्रणी रहा है। इस वर्ष की

बोर्ड का खटरागी यानी अविनाश वाचस्पति कुछ अलग मूड में दिखे।

शाहनवाज सिद्दीकी के ब्लॉग 'प्रेमरस' ने भी इस वर्ष पाठकों को खूब आकर्षित किया। इस वर्ष जहां सिद्धार्थ शंकर त्रिपाठी अपने ब्लॉग सत्यार्थ मित्र पर अनेकानेक सार्थक पोस्ट डालने के वाबजूद अनियमित बने रहे,वहीँ भाषा विज्ञानी अजित वडनेरकर अपने ब्लॉग 'शब्दों का सफर' पर पुरानी उर्जा से लबरेज नहीं दिखे । हिन्दी के प्रमुख विज्ञान संचारक के रूप में इस वर्ष डॉ0 अरविंद मिश्र ज्यादा मुखर दिखे, उन्होंने 'साइंस फिक्शन इन इंडिया' तथा 'साई ब्लॉग' के माध्यम से लगातार विज्ञान कथा के प्रति पाठकों की जागरूकता को बनाए रखा। हिंदी के प्रखर पत्रकार के रूप में इस वर्ष फिरदौस खान कुछ ज्यादा मुखर दिखीं, उन्होंने मेरी डायरी' के माध्यम से अपने सामाजिक सरोकार के प्रति ज्यदा प्रतिबद्ध दिखीं।

शिक्षा से जुडी विषमताओं और विद्रूपताओं को ब्लॉग 'प्राइमरी का मास्टर' के माध्यम से उजागर करते हुए क्रान्ति का शंखनाद करने वालों में विगत कई वर्षों से अग्रणी प्रवीण त्रिवेदी के तेवर इस वर्ष भी बरकरार रहे। हिंदी ब्लॉगिंग के पांचो शोधार्थियों क्रमशः केवल राम, अनिल अत्री, चिराग जैन, गायत्री शर्मा और रिया नागपाल की भी

गाहे–बगाहे चर्चा होती रही वर्ष भर, जबकि वर्ष के मासांत में ब्लॉग बुलेटिन पर एक नया प्रयोग किया हिंदी ब्लॉगजगत की चर्चित कवियित्री रश्मि प्रभा ने। उन्हें काफी ब्लॉगर्स मिले और उन्होंने एक नया प्रयोग किया वर्ष के आखिरी महीने में अवलोकन–2011 के माध्यम से। उन्होंने अपनी कलम से नए–पुराने ब्लॉगरों की चुनिन्दा पोस्ट की व्याख्या की।साल 2011 ब्लॉग संसार के लिए एक नए अवसर और बेहतरी का पैगाम लेकर आया। ब्लॉगरों नें ब्लॉगिंग की दुनियां में नए मानदंड स्थापित किए और नए–नए प्रतिभावान ब्लॉगरों को सामने लाने में महत्वपूर्ण भूमिका निभाई।

हिंदी ब्लॉगिंग और साहित्य के बीच सेतु निर्माण के उद्देश्य से पहली बार इस वर्ष–2011 के अप्रैल माह से रश्मि प्रभा के संपादन में वटवृक्ष (त्रैमासिक ब्लॉग पत्रिका) का प्रकाशन शुरू हुआ। सुरेश चिपलूनकर ने इस वर्ष ब्लॉगिंग की चौथी सालगिरह मनाई, रचना ने पांचवीं, वहीँ चिट्ठा चर्चा ने सातवीं। वर्ष 2010 में अवतरित हुए ब्लॉग4वार्ता ने इस वर्ष की समाप्ति से कुछ दिन पूर्व 1 लाख हिट्स के जादुई आंकड़े को पार कर गया। सभी चिट्ठा चर्चाओं में वार्ता की रैंकिग इस वर्ष सबसे अच्छी रही। यह वार्ता की निरंतरता का परिणाम है।

हरबार की तरह इस वर्ष भी मनीष कुमार की वार्षिक संगीतमाला अपनी उल्टी गिनती के साथ शुरू हुई। फिल्म–संगीत पसंद करने वाले ब्लॉगरों के लिये हर वर्ष की शुरूआत में ये एक खास आकर्षण रहता है। वहीं शरद कोकास की कविता सितारों का मोहताज होना अब जरूरी नहीं को इस वर्ष अत्यधिक सराहना मिली। आनंद वर्धन ओझा गणतंत्र दिवस में ट्रैफिक लाइट पर दो रूपये का तिरंगा बेचती लड़की को देखकर कुछ दम तोड़ते से विचारों को प्रस्तुत करके सोचने पर विवश कर दिया, वहीं स्व. कन्हैयालाल नंदन जी के वर्षगांठ पर लखनऊ के पत्रकार–कथाकार दयानंद पाण्डेय ने नंदन जी जुड़ी अपनी यादों को विस्तार से लिखा।

वैसे तो इस वर्ष को साझा ब्लॉगिंग का वर्ष कहा जाए तो शायद कोई अतिश्योक्ति नहीं होगी, क्योंकि इस वर्ष अप्रत्याशित रूप से कई सामूहिक ब्लॉग अस्तित्व में आए, जिसमें प्रमुख है हरीश सिंह के द्वारा संचालित भारतीय ब्लॉग लेखक मंच 11 फरवरी 2011 को अस्तित्व में आया, जो हिंदी लेखन को बढ़ावा देने के साथ ब्लॉग लेखको में प्रेम, भाईचारा, आपसी सौहार्द, देश के प्रति समर्पण और भारतीय संस्कृति को बढ़ावा देने के उद्देश्य से अस्तित्व में आया।

दूसरा महत्वपूर्ण साझा ब्लॉग है प्रगतिशील ब्लॉग लेखक संघ। मनोज पाण्डेय के द्वारा संचालित इस ब्लॉग से हिंदी के कई महत्वपूर्ण ब्लॉगर जुड़े हैं। उल्लेखनीय है कि 17 फरवरी 2011 को ज्ञानरंजन जी के घर से लौटकर गिरीश बिल्लोरे मुकुल ने इस साझा ब्लॉग पर पहला पोस्ट डाला था।

ज्ञान रंजन जी प्रगतिशील विचारधारा के अग्रणी संपादकों और सर्जकों में से एक हैं। उनसे और उनकी यादों इस साझा ब्लॉग का शुभारंभ होना अपने आप में गर्व की बात है। तीसरा साझा ब्लॉग है डा. अनवर जमाल खान के द्वारा संचालित हिंदी ब्लॉगर्स फोरम इंटरनेशनल, जबकि लखनऊ ब्लॉगर्स असोसिएशन पर लेखकों की संख्या ज्यादा हो जाने से इस वर्ष वन्दना गुप्ता की अध्यक्षता में एक नया साझा ब्लॉग अवतरित हुआ जिसका नाम है ऑल इण्डिया ब्लॉगर्स असोसिएशन।

सबकी चर्चा करना तो संभव नहीं, किन्तु विशेष रूप से दो और साझा ब्लॉग के बारे में बताता चलूँ पहला 28 फरवरी को शुरू रश्मि प्रभा के संचालन में शुरू परिचर्चा और उसके बाद सत्यम शिवम् के द्वारा संचालित साहित्य प्रेमी संघ और 13 अप्रैल को डा. रूप चंद शास्त्री मयंक की अध्यक्षता में आया मुशायरा विषय प्रधान होने के कारण अपने आप में उल्लेखनीय है।

15 जून 2011 को माँ सरस्वती प्रसाद की साहित्य साधना की चर्चा से रश्मि प्रभा ने एक अनोखे ब्लॉग की शुरुआत की नाम दिया शख्सः मेरी कलम से। कुछ नया करने और आप तक ब्लॉगजगत की पोस्टों की, टिप्पणियों की , बहस और विमर्शों की सूचना और खबरें पहुँचाने के उद्देश्य से 13 नवंबर 2011 को एक प्रयोग के रूप में अजय कुमार झा, शिवम् मिश्रा, सुमित प्रताप सिंह, रश्मि प्रभा..., देव कुमार झा, बी. एस. पावला, अंजू चौधरी, मनोज कुमार, महफूज अली, योगेन्द्र पाल आदि के संयुक्त प्रयास से ब्लॉग बुलेटिन शुरू किया गया।

हिंदी में अपने आप का यह पहला और अनोखा प्रयोग है। इस वर्ष 16 दिसंबर को एक और महत्वपूर्ण ब्लॉग का अवतरण हुआ, जो ब्लॉगर के नाम पर ही है यानी सुमित प्रताप सिंह।

यह ब्लॉग अपने आप में महत्वपूर्ण इसलिए है कि इस ब्लॉग पर हर दुसरे दिन हिंदी जगत के एक महत्वपूर्ण ब्लॉगर का व्यंग्यपरक साक्षात्कार प्रस्तुत किया जाता है। सदैव से ही विज्ञान इस विषय को नकारता रहा है, मगर हिंदी ब्लॉग जगत में गत्यात्मक ज्योतिष की अवधारणा रखने वाली महिला ब्लॉगर धन्वाद निवासी संगीता पुरी ने ज्योतिष में अंधविश्वास के खिलाफ इस वर्ष भी अपनी आवाज बुलंद रखा।

डॉ भीमराव अम्बेडकर विश्वविद्यालय, आगरा से इसी वर्ष "आधुनिक बाल कहानियों का विवेचनात्मक अध्ययन" विषय पर पी–एच0डी0 की उपाधि हासिल करने वाले श्री जाकिर अली रजनीश ने दैनिक "जनसंदेश टाइम्स" में "ब्लॉगवाणी" कॉलम के द्वारा ब्लॉगरों को नई पहचान दी है।

साहित्य का भूगोल बहुत विशाल है। इसे न तो किसी सीमा में बाँधना उचित कहा जाएगा और न ही कालखंड में समेटना, फिर भी बीते एक साल में ब्लॉग पर हिंदी साहित्य ने कहाँ तक अपनी विकास यात्रा तय की है, कमोबेश उस पर दृष्टिपात तो किया ही जा सकता है। इसी कड़ी में विशुद्ध साहित्यिक सन्दर्भों को सहेजने में पूरे वर्ष मशगूल रहा प्रभात रंजन का ब्लॉग जानकी पुल।

हिंदी ब्लॉगिंग में साहित्य को प्रतिष्ठापित करने की दिशा में क्रान्ति का प्रतीक रहा ब्लॉग हिंद युग्म। रचनाकार, साहित्य शिल्पी और विचार मीमांशा ने अपनी स्तरीयता को बनाए रखा इस वर्ष। नारी का कविता ब्लॉग, नारी ,हिंदी साहित्य मंच, हिंदी साहित्य, साहित्य, साहित्य वैभव ,मोहल्ला लाईव, साखी, वटवृक्ष, सृजन (सुरेश यादव), वाटिका, मंथन, शब्द सभागार, राजभाषा, लोकसंघर्ष पत्रिका, राजभाषा हिंदी,गवाक्ष, काव्य कल्पना, परिकल्पना

ब्लॉगोत्सव, साहित्यांजलि, कुछ मेरी कलम से,चोखेर वाली, नवोत्पल ,युवा मन , सुबीर संवाद सेवा, अपनी हिंदी , हथकढ , हिंदी कुञ्ज , पढ़ते पढ़ते ,तनहा फलक, आवाज, नयी बात, कारवां, सोचालय, पुरवाई, एक शाम मेरे नाम, साहित्य सेतु, कबीरा खडा बाजार में आदि पूरी निर्भीकता के साथ साहित्य की खुशबू बिखेरते रहे वर्ष भर। वहीं एक और ई पत्रिका हमारी वाणी इस वर्ष अस्तित्व में आई और काल कलवित भी हो गयी।

अशोक कुमार पाण्डेय का व्यक्तिगत ब्लॉग ''असुविधा'' और सामूहिक ब्लॉग ''कबाडखाना'' इस वर्ष विगत वर्षों की तुलना में ज्यादा प्रखर दिखा। विनीत कुमार ने भी इस वर्ष ब्लॉगिंग में चार वर्ष का सफर पूरा कर लिया, वहीं अफलातून ने पांच वर्ष पूरे किये। सिद्धेश्वर ने अपने ब्लॉग कर्मनाशा पर शब्दों की जादूगरी से मानव जीवन से जुड़े विविध विषयों को मन के परिप्रेक्ष्य में दिखाने का महत्वपूर्ण कार्य किया इस वर्ष, वहीं मनोज पटेल विश्व भर के कवियों का बहुत बढ़िया अनुवाद करते रहे ब्लॉग ''पढ़ते पढ़त'' पर। अपनी माटी पर जिस तरह की सामग्री प्रस्तुत किये हैं मानिक, वह प्रशंसनीय है। कथा चक्र पर अखिलेश लगातार पत्र पत्रिकाओं और पुस्तकों के प्रकाशन की सूचना देते रहे। छत्तीसगढ़ के रायपुर से प्रकाशित होने वाली चर्चित त्रैमासिक पत्रिका "सद्भावना दर्पण" मार्च–2011 से मासिक हो गयी।

इस वर्ष साहित्यिक पत्रिकाओं और लघु पत्रिकाओं ने भी अपनी छाप छोड़ी हैं। तद्भव, कथादेश, हंस, वागर्थ, वर्तमान साहित्य आदि ने अपने अलग–अलग अंकों में ऐसी सामग्री प्रकाशित की है जो कहीं न कहीं साहित्यकारों और पाठकों को मथती रही है। इनमें से तद्भव, हंस और वर्तमान साहित्य ने अपनी उपस्थिति विश्वजाल पर भी दर्ज की, जो हिंदी साहित्य को विश्वव्यापी बनाने की दिशा में एक महत्वपूर्ण कदम है।

इस वर्ष हिंदी ब्लॉगिंग और साहित्य के बीच सेतु निर्माण के उद्देश्य से पहली बार अप्रैल माह से रश्मि प्रभा के संपादन में वटवृक्ष (त्रैमासिक ब्लॉग पत्रिका) का प्रकाशन शुरू हुआ। ब्लॉग पर साहित्य को समृद्ध करने की दिशा में इस वर्ष ज्यादा मुखर दिखे दो नाम कोलकाता के मनोज कुमार और पुणे की रश्मि प्रभा।

मनोज कुमार ने जहां मनोज, राजभाषा हिंदी आदि ब्लॉगों पर करण समस्तीपुरी, हरीश प्रकाश गुप्त आदि मित्रों के सहयोग से पूरे वर्ष दुर्लभ साहित्य को सहेजने का महत्वपूर्ण कार्य किया, वहीँ रश्मि प्रभा ने मेरी भावनाएं, वटवृक्ष आदि ब्लॉगों के माध्यम से नयी–नयी साहित्यिक प्रतिभाओं को मुख्यधारा में लाने महत्वपूर्ण कार्य किया। साहित्यको ब्लॉगिंग से जोड़ने वाली त्रैमासिक

पत्रिका वटवृक्ष का वह इस वर्ष से संपादन भी कर रही हैं।

ब्लॉग पर हिंदी को समृद्ध करने वालों में एक नाम डॉ0 कविता वाचक्नवी का है जिन्होंने हिंदी भारत के माध्यम से हिंदी को समृद्ध करने की समर्पित सेवा कर रही हैं।
27 फरवरी 2011 को अवनीश सिंह के द्वारा संचालित प्रेमचंद के पाठकों को समर्पित एक ब्लॉग आया। इनके और भी कई ब्लॉग है जैसे विमर्श, अनकही बातें आदि। साहित्य की बात हो और मुहल्ला लाईव की चर्चा न हो तो सबकुछ अधूरा–अधूरा सा लगता है। वर्ष–2011 में इस ब्लॉग पर साहित्यिक गतिविधियों से संवंधित अनेकानेक रिपोर्ताज और अन्य सामग्रियां प्रकाशित हुई। अविनाश दास ने इस ब्लॉग की शुरुआत वर्ष–2006 में ब्लॉग स्पॉट पर की थी, जिसे बाद में उन्होंने इसे सामूहिक ब्लॉग में परिवर्तित कर दिया।

एक ऐसा ब्लॉगर जिसने ब्लॉग पर वर्ष–2009–2010 में सर्वाधिक पोस्ट लिखने की उपलब्धि हासिल की, किन्तु वर्ष–2011 में ये पिछड़ गए और यह श्रेय गया डा. राजेन्द्र तेला निरंतर के हिस्से। डा.राजेंद्र तेला "निरंतर" ने इस वर्ष अपने व्यक्तिगत ब्लॉग निरंतर की कलम से पर एक वर्ष में सर्वाधिक पोस्ट (1669) लिखने का कीर्तिमान

बनाया है। उल्लेखनीय है कि हिंदी ब्लॉगिंग को साहित्य के सन्निकट लाने वालों में एक महत्वपूर्ण नाम है डा. रूप चंद शास्त्री मयंक का, जिन्होनें 21 जनवरी, 2009 को हिन्दी ब्लॉगिंग की दुनिया में अपना कदम बढ़ाया था। उस समय उन्होंने अपना ब्लॉग "उच्चारण" के नाम से बनाया था, जिस पर अबतक 2000 से ज्यादा रचनाएँ पोस्ट की जा चुकी है और इस ब्लॉग के लगभग 400 से ज्यादा समर्थक हैं।

विशुद्ध साहित्यिक रचनाओं के सरोवर में गहरे उतरने को विवश करता एक ब्लॉग है कर्मनाशा। पूरे वर्ष सिद्धेश्वर ने कुछ अच्छी कविताओं के हिंदी अनुवाद प्रस्तुत किए। इसके अलावा सतीश सक्सेना (मेरे गीत),राज भाटिया (पराया देश, छोटी छोटी बातें), इंदु पुरी (उद्धवजी), अंजु चौधरी (अपनों का साथ), वंदना गुप्ता (जख्म जो फूलों ने दिये, एक प्रयास), महफूज अली (लेखनी, Glimpse of Soul), यौगेन्द्र मौदगिल (हरियाणा एक्सप्रैस), अलबेला खत्री (हास्य व्यंग्य, भजन वन्दन, मुक्तक दोहे), संजय अनेजा (मो सम कौन कुटिल खल?), राजीव तनेजा (हँसते रहो, जरा हट के–लाफ्टर के फटके), जाट देवता (संदीप पवाँर) (जाट देवता का सफर), संजय भास्कर (आदत मुस्कुराने की), कौशल मिश्रा (जय बाबा बनारस), दीपक डुडेजा (दीपक बाबा की बक बक, मेरी नजर से), आशुतोष तिवारी (आशुतोष की कलम

से), मुकेश कुमार सिन्हा (मेरी कविताओं का संग्रह, जिन्दगी की राहें), पद्मसिंह (पद्मावली), सुशील गुप्ता (मेरे विचार मेरे ख्याल), राकेश कुमार (मनसा वाचा कर्मणा), सर्जना शर्मा (रसबतिया), शाहनवाज (प्रेम रस), अजय कुमार झा (झा जी कहिन), कनिष्क कश्यप (ब्लॉग प्रहरी), केवल राम (चलते-चलते, धर्म और दर्शन), ताऊ रामपुरिया (ताऊ डोट इन) और राहुल सिंह (सिंहावलोकन) ने भी इस वर्ष कतिपय साहित्यिक रचनाओं से पाठकों का ध्यान आकर्षित किया है। इसके अलावा सुबीर संवाद सेवा, कवि कुमार अम्बुज, अपर्णा मनोज, मृत्युबोध, नई बात ,मेरी लेखनी मेरे विचार, अजित गुप्ता का कोना, मन का पाखी, कलम, अंदाजे मेरा, मो सम कौन कुटिल खल, काव्यांजलि, फुहार आदि पर भी उत्कृष्ट साहित्यिक सामग्री प्रस्तुत की गई है इस वर्ष।

एक और महत्वपूर्ण ब्लॉग का जिक्र करना चाहूंगा। ब्लॉग पर ब्लॉगरों का परिचय देने के उद्देश्य से राजीव कुलश्रेष्ठ ने वर्ष-2010 में "ब्लॉग वर्ल्ड. कॉम" ब्लॉग की शुरुआत की, किन्तु इस वर्ष यह ब्लॉग कुछ ज्यादा मुखर रहा। इसपर वे लगभग 100 से अधिक ब्लॉगर्स का परिचय पोस्ट के रूप में प्रकशित कर चुके हैं।

भारतीय सिनेमा इस समय संसार का, फिल्मों की संख्या के मान से, सबसे बड़ा सिनेमा है। लेकिन

सिनेमा पर आधारित ब्लॉग की दृष्टि से हम अभी भी काफी दरिद्र हैं। इसका सबसे बड़ा उदाहरण है कि वर्ष—2011 में एक मात्र प्रयोगधर्मी अभिनेता मनोज बाजपेयी ने अपने ब्लॉग के जरिए अनुभवों को बाँटते नजर आये।

अपने व्यस्त दिनचर्या के वाबजूद इन्होनें अपने ब्लॉग पर इस वर्ष 9 संस्मरणात्मक पोस्ट प्रकाशित किये हैं। वहीँ अजय ब्रह्मात्मज के चवन्नी चौप पर इस वर्ष फिल्म से संवंधित कई महत्वपूर्ण जानकारियाँ दी गयी। यह ब्लॉग सिनेमा पर आधारित ब्लॉग की श्रेणी में सर्वाधिक सक्रिय रहा इस वर्ष। इस ब्लॉग पर इस वर्ष 200 से ज्यादा पोस्ट प्रकाशित हुए।

फिल्म की समीक्षा के क्षेत्र में इधर रश्मि रविजा का नाम तेजी से लोकप्रिय हुआ है। रश्मि रविजा, वरिष्ठ साहित्यकार और वेब पत्रकार हैं और इनकी गतिविधियाँ इनके स्वयं के ब्लॉग के अलावा विभिन्न महत्वपूर्ण वेब पत्रिकाओं पर भी देखी जा सकती है। सिनेमा पर आधारित सक्रिय ब्लॉग हालांकि हिंदी में बहुत कम दिखते हैं।

प्रमोद सिंह के ब्लॉग सिनेमा सिलेमा पर पूरे वर्ष मात्र एक दर्जन पोस्ट पढ़ने को मिले हैं वहीं दिनेश श्रीनेत ने इंडियन बाइस्कोप पर इस वर्ष केवल छः पोस्ट प्रकाशित किये,जो निजी कोनों से

और भावपूर्ण अंदाज में सिनेमा को देखने की एक कोशिश मात्र कही जा सकती है ।वहीँ अंकुर जैन का ब्लॉग साला सब फिल्मी है पर 17 पोस्ट प्रकाशित हुए इस वर्ष। महेन के चित्रपट ब्लॉग तथा राजेश त्रिपाठी का सिनेमा जगत ब्लॉग पर इस वर्ष पूरी तरह खामोशी छायी रही। हालांकि 15 जून 2011 को खुले पन्ने ब्लॉग पर प्रकाशित क्या है हिंदी सिनेमा का यथार्थवाद काफी पसंद किया गया।

जहां तक कानून के क्षेत्र में हिन्दी के ब्लॉग का आंकलन किया जाए तो सर्वथा अकाल की स्थिति है। इस क्षेत्र में अकेला अनोखा ब्लॉग है तीसरा खंबा, जो राजस्थान के कोटा निवासी प्रखर कानून विद दिनेश राय द्विवेदी का व्यक्तिगत ब्लॉग है और हिंदी जगत में काफी चर्चित भी। हांलाकि कानून की धाराओं–उप धाराओं की तथा विभिन्न महत्वपूर्ण केस की सुनवाई की जानकारी देने हेतु एक ब्लॉग और है अदालत, किन्तु यह अब वेब पत्रिका का स्वरुप ले चुका है।

अपनी अनोखी और चुटीली टिप्पणियों के कारण खुशदीप सहगल का ब्लॉग देशनामा भी इस वर्ष काफी चर्चा में रहा। जगदीश्वर चतुर्वेदी ने वैसे कई महत्पूर्ण राजनीति–सामाजिक मुद्दों को उठाकर काफी सुर्खियाँ बटोरी हैं वहीँ मुद्दों को राष्ट्रीय

विमर्श में परिवर्तित करने में इस बार फिर से सफल रहे रणधीर सिंह सुमन यानी लोकसंघर्ष।

वैसे विस्फोट डॉट कॉम पर भी सिनेमा पर आधारित कुछ वेहतर सामग्री प्रकाशित हुई है इस वर्ष। इसीप्रकार जहाँ तक राजनीति को लेकर ब्लॉग का सवाल है तो वर्ष 2011 भारतीय राजनीति में भ्रष्टाचार की लगातार उधडती परतों के बाद ए. राजा जैसे मंत्रियों और कुछ कारपोरेट कंपनी के दिग्गज शाहिद बलवा, विनोद गोयेनका और संजय चंद्रा जैसे लोगो के तिहाड़ पहुँचने के साथ अन्ना के भ्रष्टाचार के विरोध और मजबूत लोकपाल के लिए हुए आन्दोलन और उसे मिले जनसमर्थन के लिए जाना जाएगा। भ्रष्टाचार के इन आरोपों ने उत्तराखंड से निशंक और कर्नाटक से येदुरप्पा को गद्दी छोड़ने के लिए मजबूर किया। इसके अलावा सुप्रीम कोर्ट के कुछ फैसलों जैसे संसद की सर्वोच्चता पर प्रश्न उठाने के लिए भी जाना जाएगा।

महिला आरक्षण बिल इस वर्ष भी लटका रहा और वर्ष के अंत में राजनैतिक षड्यंत्र के बीच इसमे लोकपाल बिल का नाम भी जुड़ गया। ऐसा कहना है आशीष तिवारी का दखलंदाजी पर।

करीब 15 साल तक हिंदी के तमाम राष्ट्रीय समाचार पत्रों में काम करने करने के बाद अब

दिल्ली में अपना बसेरा बनाने वाले महेंद्र श्रीवास्तव के ब्लॉग आधा सच का नाम मैं प्रमुखता के साथ लेना चाहूंगा, क्योंकि यह ब्लॉग 2011 में अस्तित्व में आया है और छः दर्जन के आसपास पोस्ट प्रकाशित कर समसामयिक राजनीति और समाज की गहन पड़ताल करने की सफल कोशिश की है।

वेब मीडिया को एक नया आयाम देने में जनोक्ति इस वर्ष काफी मुखर रहा, वहीं अनियमितता के वाबजूद विचार मीमांशा भी औसत रूप से मुखर रहा। अफलातून के ब्लॉग समाजवादी जनपरिषद और प्रमोदसिंह के अजदक तथा हाशिया का जिक्र किया जाना चाहिए। इन सभी ब्लॉग्स पर पोस्ट की संख्या ज्यादा तो नहीं देखि गयी इस वर्ष, किन्तु विमर्श के माध्यम से ये सभी इस वर्ष अपनी सार्थक उपस्थिति दर्ज कराने में सफल हुए है।

रविकांत प्रसाद का ब्लॉग बेवाक टिपण्णी पर इस वर्ष केवल तीन पोस्ट आये, वहीँ इस वर्ष नसीरुद्दीन के ढाई आखर पर सन्नाटा पसरा रहा। जबकि उद्भावना पर सात पोस्ट और अनिल रघुराज के एक हिन्दुस्तानी की डायरी पर केवल एक पोस्ट आया इस वर्ष। भारतीय ब्लॉग लेखक संघ और महाराज सिंह परिहार के ब्लॉग विचार बिगुल पर भी इस वर्ष कुछ बेहतर राजनैतिक आलेख पढ़े गए। पुण्य प्रसून बाजपेयी ब्लॉग भी है

और ब्लॉगर भी,जिसपर वर्ष–2011 में कूल 71 पोस्ट प्रकाशित हुए और सभी गंभीर राजनीतिक विमर्श से ओतप्रोत।

परिकल्पना ब्लॉग सर्वे के माध्यम से किए गए एक आंकलन के अनुसार हिंदी में राजनीति, सामाजिक मुद्दे, अध्यात्म, दर्शन, धर्म और संस्कृति से संवंधित ब्लॉग का औसत 22 प्रतिशत है, वहीं विज्ञान, अंतरिक्ष और इतिहास से संवंधित ब्लॉग का औसत केवल 1 प्रतिशत। यात्रा, जीवनशैली, स्वास्थ्य, गृह डिजाइन और चिकित्सा से संवंधित ब्लॉग का औसत जहां 14 प्रतिशत है वहीँ समूह ब्लॉग केवल 2 प्रतिशत के आसपास।

सबसे आश्चर्य की बात तो यह है कि जिस हिंदी ब्लॉगिंग को न्यू मीडिया या कंपोजिट मीडिया कहा जा रहा है उसी से संवंधित ब्लॉग अर्थात न्यूज पोर्टल और प्रिंट मीडिया के ब्लॉग का औसत केवल 5 प्रतिशत है। कुल हिंदी ब्लॉग का 5 प्रतिशत ब्लॉग सामाजिक–सांस्कृतिक गतिविधियों से संवंधित है, जबकि हिंदी प्रचार प्रसार से संवंधित ब्लॉग का औसत 18 प्रतिशत है। हास्य, व्यंग्य, पहेली और कार्टून से संवंधित ब्लॉग का औसत जहां 3 प्रतिशत के आसपास है वहीँ शिक्षा से संवंधित ब्लॉग का प्रतिशत केवल 2% के आसपास।

साहित्य के ब्लॉग का औसत भी बहुत संतोषप्रद नही दीखता, क्योंकि तमाम हिंदी प्रेमियों में साहित्यकारों की संख्या सर्वाधिक होने के वाबजूद औसत केवल 14 प्रतिशत के आसपास है। अन्य विषयों का आंकलन करने पर पाया गया कि पर्यावरण, वन्य जीवन, ग्लोबलवार्मिंग से संबंधित ब्लॉग के साथ—साथ वेब डिजाइन, ई लर्निंग, पॉडकास्ट, रेडियो, वीडियो, खेल, खेल गतिविधि, खाद्य, पाक कला, टीवी, बॉलीवुड सिनेमा, मनोरंजन आदि से संबंधित ब्लॉग का औसत 1 प्रतिशत के आसपास है।

बच्चों से संबंधित ब्लॉग का औसत जहां 2 प्रतिशत है, वहीँ नारी सशक्तिकरण से संबंधित ब्लॉग का औसत केवल 1 प्रतिशत के आसपास। सबसे दयनीय स्थिति है बंगाली, कन्नड़, गुजराती, मलयालम, सिंधी, उर्दू, संस्कृत, तमिल तथा अंग्रेजी से अनुवाद वाले ब्लॉग के साथ—साथ मानव संसाधन, वित्त, प्रबंधन, निवेश, शेयर बाजार, व्यापार, सरकार, विज्ञापन, कानून,खोज, इंटरनेट मार्केटिंग, वेब विश्लेषिकी, प्रौद्योगिकी, गैजेट्स, मोबाइल, संगीत, नृत्य, फैशन, उद्यम और आविष्कार से संबंधित ब्लॉग की, जिसकी औसत काफी नगण्य है ।

वर्ष—2011 में अधिकांश मुद्दों पर कोई न कोई पोस्ट देखने को अवश्य मिली है। साक्षात्कार से ले

कर कृषि और विदेशी घटनाक्रमों से ले कर धर्म व महिलाएंदृ बहस के हरेक मुद्दे को हिंदी ब्लॉग पर इस वर्ष समेट लेने की कोशिश की गई लगती है। एक ब्लॉग है कस्बा, एन.डी.टी.वी. के रबीश कुमार अर्थात एक पत्रकार का का ब्लॉग है मगर इसकी अधिकांश पोस्ट पढ़ कर लगता है कि किसी ऐसे "साहित्यिक" व्यक्ति का ब्लॉग है जो अपने आप में डूब कर केवल काव्य रचना नहीं करता बल्कि समाज के प्रति बेहद संवेदनशीलता के साथ सोचता है, विचार रखता है।

निश्चित रूप से हिंदी ब्लॉग जगत का अनमोल मोती है यह ब्लॉग। प्यार या चाहत के लिए अभीतक दिल को दोषी माना जाताथा, मगर अब हकीकत सामने आई कि 'लव एड फर्स्ट साइट' यानी चेहरा देखते ही प्यार हो जानेकी घटना मस्तिष्क काकिया धरा होता है, चोट बेचारे दिल पर होती है। इस वर्ष प्यार की गहन अनुभूतियों का वैज्ञानिक परिक्षण करता एक सार्थक पोस्ट लेकर आये डा. जाकिर अली रजनीश अपने ब्लॉग तस्लीम पर ध्वस्त हो गयी प्यार की परिभाषा शीर्षक से ।

ब्लॉगिंग को बुद्धिजीवियों के बीच नये वर्तमान परिवेश में अभिव्यक्ति के एक मंच के तौर पर देखा जा रहा है। यहाँ तक कि सभी गंभीर ब्लॉग लेखक ब्लॉगिंग को वैकल्पिक मीडिया के रूप में ही देखते

हैं। ऐसी मान्यता है कि बदलती परिस्थितियों के कारण बदलते समाज की मिटती खूबसूरती को मिटने से बचाने के लिए जरूरी है वैकल्पिक मीडिया।

यही कारण है कि सोशल मीडिया में हिंदी के बढ़ते तेवर और संभावनाओं पर गंभीर बहस होनी शुरू हो चुकी है। परिवर्तन की गति को तकनीक ने बेहद तेज कर दिया है और इससे भाषाई साहितयिक अंतःक्रियाएं बढ़ रही है। यहाँ तक की ताजा सामिजिक गतिविधियों और समसामयिक राजनैतिक परिदृश्यों पर इरफान, काजल कुमार, कीर्तिश भट्ट आदि के कार्टून्स भी देखे जा सकते हैं।

ब्लॉगिंग यानी वैकल्पिक मीडिया ने आम आदमी की संवेदनाओं और भावनाओं के सुख को फिर से जागृत किया है। हालांकि वैकल्पिक मीडिया के अस्तित्व में आने से मीडिया ने अपनी ताकत नहीं खोई है बल्कि, ब्लॉग,ट्विटर, फेसबुक आदि सोशल नेटवर्किंग साइट्स के कारण पुनरू संजोई है और अब नया मीडिया और आम आदमी दोनों ही ताकतवर होते जा रहे हैं।

जहां तक हिंदी का प्रश्न है तो आजादी से पहले जिन मूल्यों की तलाश में आम आदमी ने संघर्ष किया, वही मूल्य आजादी के बाद और अधिक

विघटित हो गए हैं। ऐसे में आम आदमी के पास अपनी बात को कहने के लिए विकल्प नहीं रहा था परंतु अब आम आदमी के पास तकनीक आने से उसने अपने लिए विकल्पों की स्वयं ही खोज करनी शुरू कर दी है। फलतः ब्लॉगिंग उनके लिए अभिव्यक्ति का सबसे बड़ा माध्यम बन कर उभरा है। इसमें कोई संदेह नहीं कि तेजी से आम आदमी की अभिव्यक्ति बनने की ओर अग्रसर है ब्लॉगिंग।

वर्ष—2003 से सफर की शुरुआत कर महज पंद्रह वर्षों में हिंदी ब्लॉगिंग जिसे न्यू मीडिया का दर्जा प्राप्त हो चुका है आज अत्यंत विस्तृत और व्यापक हो चुकी है। काफी वृहद् स्वरुप धारण कर चुकी है यह। सच मानिए तो देशज शब्दों और क्षेत्रीय रंग से संवरी सुन्दर हिंदी को आयामित करने हेतु यह एक उम्मीद की किरण बनकर आई है। माधुरी के पूर्व संपादक और कोशकार अरविन्द कुमार का मानना है कि "किसी पर कोई व्यवसायिक दबाब नहीं है कि वह कटी—छंटी भाषा लिखे।

हर किसी के समझने के लिए हर ब्लॉग नहीं है जिसे समझना होगा, वह शब्दकोष की मदद लेगा। मुझ पर हिंदी चिट्ठाकारिता का नशा इसलिए चढ़ा है कि लगभग रोज मेरे अन्दर सो चुके किसी न किसी शब्द को कोई हिलाकर जगा देता है।"

इसी परिप्रेक्ष्य में हिंदी के वहुचर्चित ब्लॉगर रवि लतलामी कहते हैं कि "किसी रचनाकार के लिए अपनी रचनाओं को इंटरनेट के जरिये बस्तर से लेकर न्यूआर्क तक चाहूं ओर सहज तरीके से पहुंचाने का इससे सुन्दर, सरल और सस्ता उपाय नहीं हो सकता ।"

कहा गया है कि ब्लॉगिंग की दुनिया समय और दूरी के सामान अत्यंत विस्तृत और व्यापक है, साथ ही पूरी तरह स्वतंत्र, आत्म निर्भर और मनमौजी किस्म की है। यहाँ आप स्वयं लेखक, प्रकाशक और संपादक की भूमिका में होते हैं। यहाँ केवल राजनीतिक टिप्पणियाँ और साहित्यिक रचनाएँ ही प्रस्तुत नहीं की जाती वल्कि महत्वपूर्ण किताबों का ई प्रकाशन तथा अन्य सामग्रियां भी प्रकाशित की जाती है। हिंदी में आज फोटो ब्लॉग, म्यूजिक ब्लॉग, पोडकास्ट, वीडियो ब्लॉग, सामूहिक ब्लॉग, प्रोजेक्ट ब्लॉग, कारपोरेट ब्लॉग आदि का प्रचलन तेजी से बढ़ा है। यानी हिंदी ब्लॉगिंग आज वेहद संवेदनात्मक दौर में है।

इसमें कोई संदेह नहीं कि संगणित भूमंडल की अद्भुत सृष्टि हैं ये ब्लॉग्स जिसे हिंदी ने एक नया नाम दिया "चिट्ठा"। यदि हिन्दी चिट्ठों की बात की जाय तो आज यह संवेदनात्म क दौर में है, जहाँ नित नए प्रयोग भी जारी हैं। मसलन समूह ब्लाग

का चलन ज्यादा हो गया है। ब्लागिंग धीरेदृधीरे कमाई का जरिया भी बन रहा है।

लिखने की मर्यादा पर भी सवाल उठाए जाने लगे हैं। ब्लाग लेखन को एक समानान्तर मीडिया का दर्जा भी हासिल हो गया है। हिंदी साहित्य के अलावा विविध विषयों पर विशेषज्ञ की हैसियत से भी ब्लाग रचे जा रहे हैं। विज्ञान, सूचना तकनीक, स्वास्थ्य और राजनीति वगैरह कुछ भी अछूता नहीं है। अपने जन सरोकार को प्रतिबद्धता का रूप देते हुए अभिव्यक्ति को संवेदनाओं से जोड़ने का महत्वपूर्ण काम कर रहे हैं कतिपय ब्लॉगर ।

विदेशों में रहने वाले हिंदी चिट्ठाकार इस दृष्टि से अति महत्वपूर्ण है कि उनकी सोचदृविचारधाराओं में अलगदृअलग देशों की विभिन्न सामाजिक, सांस्कृतिक परिस्थितियाँ हिन्दी की व्यापक रचनाशीलता का अंग बनती हैं, विभिन्न देशों के इतिहास और भूगोल का हिन्दी के पाठकों तक विस्तार होता है। विभिन्न शैलियों का आदानदृप्रदान होता है और इस प्रकार हिंदी अंतर्राष्ट्रीय मंच पर अपनी सार्थक उपस्थिति दर्ज कराने में कामयाब होती दिखती है। मुख्य रूप से माध्यम है ब्लॉगिंग ही।

अपनी खास विशेषताओं के कारण लगातार चर्चा में रहा हैं समीर लाल का चिट्ठा उड़न तश्तरी, ज्ञान दत्त पाण्डेय का ब्लॉग मानसिक हलचल, अनूप

शुक्ल का चिट्ठा फुरसतिया, प्रमोद सिंह का चिट्ठा–अजदक, अविनाश वाचस्पति का चिट्ठा–नुक्कड़,विमल वर्मा का चिटठा ठुमरी, प्रवीण त्रिवेदी का चिटठा प्राईमरी का मास्टर, अरविन्द मिश्र का चिटठा साईं ब्लॉग, संजय बेगाणी का चिटठा जोग लिखी, महेंद्र मिश्रा का चिट्ठा समयचक्र, मुहम्मद शुएब और सुमन का चिट्ठा लोकसंघर्ष, खुशदीप का चिट्ठा देशनामा, शाहनवाज का चिट्ठा प्रेम रस डोट कॉम, जाकिर अली रजनीश का चिट्ठा तस्लीम, मेरी दुनिया मेरे सपने, रश्मि प्रभा का चिट्ठा मेरी भावनाएं, वटवृक्ष, निर्मला कपिला का बीर वहूटी, आकांक्षा यादव का चिट्ठा शब्द शिखर, अरविन्द श्रीवास्तव का चिट्ठा जनशब्द, सतीश सक्सेना का चिट्ठा मेरे गीत आदि। ये सभी चिट्ठाकार केवल चिट्ठा से ही नहीं अपने अपने क्षेत्र में सार्थक गतिविधियों के लिए भी जाने जाते है और कई मायनों में अनेक चिट्ठाकार के लिए प्रेरक की भूमिका निभाते हैं।

यदि सर्वाधिक लोकप्रिय सामुदायिक चिट्ठों का उल्लेख किया जाए तो वह क्रमशः इस प्रकार है मोहल्ला, चिट्ठा चर्चा, भड़ास ब्लॉग, कबाड़खाना और तस्लीम। अपनी सकारात्मक गतिविधियों से लगातार चर्चा में रहे हैं अजय कुमार झा, बी एस पाबला, जी. के. अवधिया, डॉ. रूपचन्द्र शास्त्री मयंक, रश्मि प्रभा, गौतम राजरिशी, संजीव तिवारी, काजल कुमार, विरेन्द्र जैन, गिरीश पंकज, महफूज

अली आदि। इसी श्रेणी के कुछ और यशश्वी चिट्ठाकार हैं ओम आर्य, कृष्ण कुमार यादव, राज कुमार केसवानी, ललित शर्मा, गिरिजेश राव, अभिषेक ओझा, इरफान, सुरेश शर्मा (कार्टूनिस्ट) और प्रीति टेलर आदि।

ऐसे चिट्ठाकार जो हमेशा हिंदी ब्लॉग जगत के माध्यम से मुद्दों की बात पूरी दृढ़ता के साथ करते हैं। वे या तो किसी समाचार पत्र में संपादक अथवा संवाददाता है अथवा आफिस रिपोर्टर या फिर वकील अथवा स्वतन्त्र लेखक, व्यंग्यकार और स्तंभ लेखक आदि।

ये चिट्ठाकार अपने कार्यक्षेत्र के दक्ष और चर्चित हस्ती हैं, फिर भी इनके चिट्ठों का योगदान हिंदी ब्लॉगिंग में बढ़ चढ़कर रहा है। प्रमुख है रवीश कुमार का कस्बा, पुण्य प्रसून बाजपेयी, आलोक पुराणिक का अगड़म बगड़म, समाजवादी जनपरिषद, मसिजीवी, राजकुमार ग्वालानी, प्रभात गोपाल झा, डॉ. महेश परिमल का संवेदनाओं के पंख, सुमन यानी लोकसंघर्ष सुमन आदि है।

एक ऐसी संवेदनशील महिला चिट्ठाकार, जिनकी संवेदनशीलता उनके बहुचर्चित ब्लॉग पारुल चाँद पुखराज का पर देखी जा सकती है। इस ब्लॉग पर पहले तो गंभीर और गहरी अभिव्यक्ति की साथ कविता प्रस्तुत की जाती थी, किन्तु अब गहरे अर्थ

रखती गजलें सुने जा सकती है। सुश्री पारुल ने शब्द और संगीत को एक साथ परोसकर हिंदी ब्लॉगजगत में नया प्रयोग कर रही हैं, जो प्रशंसनीय है । नयी पीढ़ी के सर्वाधिक सक्रिय ब्लॉगरों में आज डा. अनवर जमाल, सलीम खान, हरीश सिंह, मिथिलेश दुबे, अख्तर खान अकेला, निलेश माथुर, वन्दना गुप्ता, रेखा श्रीवास्तव आदि के नाम लिए जा सकते हैं ।

हास्य के प्रमुख चिट्ठों में ताऊ डोट इन सर्वाधिक लोकप्रिय चिट्ठों में से एक है, किन्तु ताऊ रामपुरिया के इस मजेदार ब्लॉग के अतिरिक्त हास्य–व्यंग्य के दो चिट्ठों ने खूब धमाल मचाया है हिंदी ब्लॉगिंग में जिसमें पहला ब्लॉग है श्री राजीव तनेजा का हंसते रहो। आज के भाग दौर, आपाधापी और तनावपूर्ण जीवन में हास्य ही वह माध्यम बच जाता है जो जीवन में ताजगी बनाये रखता है। इस दृष्टिकोण से राजीव तनेजा का यह चिटठा हास्य का बहुचर्चित चिटठा होने का गौरव हासिल करने की दिशा में सक्रिय है। दूसरा चिटठा हैदृ के. एम. मिश्र का सुदर्शन ।

इसपर हास्य और व्यंग्य के माध्यम से समाज की विसंगतियों पर प्रहार किया जाता है। के. एम. मिश्र का कहना है कि व्यंग्य, साहित्य की एक गम्भीर विधा है। व्यंग्य और हास्य में बड़ा अन्तर होता है।

हास्य सिर्फ हँसाता है पर व्यंग्य कचोटता है, सोचने पर मजबूर कर देता है। व्यंग्य आहत कर देता है। सकारात्मक व्यंग्य का उद्देश्य किसी भले को परेशान करना नहीं बल्कि बुराइयों पर प्रहार करना है चाहे वह सामाजिक, आर्थिक या राजनैतिक हो।

सुदर्शन सामाजिक, आर्थिक, राजनैतिक विसंगतियों, भ्रष्टाचार, बुराइयों, कुरीतियों, राष्ट्रीय, अन्तर्राष्ट्रीय घटनाओं, बाजार, फिल्म, मीडियाइत्यादि पर एक कटाक्ष है।

अभी कुछ वर्ष पहले टिप्पणियों के माध्यम से लगातार चर्चा में रहे डा. अमर कुमार का निधन हो गया, पूरा ब्लॉग जगत उनके निधन से स्तब्ध है। डॉ. अमर कुमार ने जबकि चार वर्षों से लगातार स्वयं को चर्चा से ज्यादा चिंतन में संलग्न रखा। रवीश कुमार ने (हिन्दुस्तान दैनिक) तथा जाकिर अली रजनीश ने (दैनिक जनसंदेश टाइम्स) महत्वपूर्ण चिट्ठों के बारे में लगातार प्रिंट मिडिया के माध्यम से अवगत कराया।

श्री पुण्य प्रसून बाजपेयी अपनी राजनीतिक टिप्पणियों तथा तर्कपूर्ण वक्तव्यों के लिए लगातार चर्चा में बने रहे हैं। हिंदी ब्लॉगिंग के लिए सबसे सुखद बात यह है कि वर्ष–2012 में हिन्दी चिट्ठों कि संख्या 50000 के आसपास पहुँच चुकी है।

हिंदी ब्लॉगिंग को आयामित करने के उद्देश्य से सर्वाधिक सक्रिय क्षेत्र है मध्यप्रदेश और छतीसगढ। सर्वाधिक सक्रिय शहर है भोपाल,दिल्ली,लखनऊ और रायपुर ।

हिंदी चिट्ठों की चर्चा करने वाला चर्चित सामूहिक चिटठा है चिट्ठा चर्चा, ब्लॉग4वार्ता आदि। चर्चित तकनीकी ब्लॉग है रवि रतलामी का हिंदी ब्लॉग और आशीष खंडेलवाल का हिंदी ब्लॉग टिप्स आदि।

ब्लॉगिंग को आन्दोलन का स्वरुप देने के लिए जागरण जंगसन ने सबसे पहले अपना स्पेस दिया और अब नवभारत टाइम्स ने इसे एक बड़ा प्लेटफॉर्म देकर यह सिद्ध कर दिया कि आने वाला समय वेशक हिंदी ब्लॉगिंग का ही है। इसके माध्यम से नई क्रान्ति की प्रस्तावना की जा सकती है।

पहली बार हिंदी ब्लॉगिंग की एक मुल्यान्कंपरक पुस्तक और हिंदी ब्लॉगिंग का इतिहास प्रकाशित करने का श्रेय प्राप्त किया है हिंदी साहित्य निकेतन बिजनौर ने। रवि रतलामी के अनुसार कोई पौने चार सौ पृष्ठों की इस किताब में हिंदी ब्लॉगिंग के तमाम छुए–अनछुए पहलुओं पर प्रकाश डाला गया है।

किताब वस्तुतः हिंदी ब्लॉगिंग के विविध आयामों में जमे और डटे ब्लॉगरों की लिखी सामग्री को लेकर संपादित व संयोजित किया गया है। एक तरह से यह ब्लॉग, खासकर हिंदी ब्लॉग के लिए रेफरेंस बुक की तरह है, जहाँ आपको हिंदी ब्लॉगिंग के तकनीकी पहलुओं से लेकर इसकी सर्जनात्मकता और आर्थिकता आदि तमाम दीगर पहलुओं पर विस्तृत आलेख मिलेंगे।जबकि हिंदी ब्लॉगिंग का इतिहास 188 पृष्ठों की है जिसमें विगत आठ वर्षों की समस्त गतिविधियों और प्रमुख ब्लॉगरो की चर्चा हुई है। हिंदी ब्लॉगिंग के माध्यम से जारी है लगातार सफर जोश का।

कुल मिलाकर देखा जाए तो सामाजिक सरोकार से लेकर तमाम विषयों को व्यक्त करने की दृष्टि से सार्थक ही नहीं सशक्त माध्यम बनती जा रही है यह हिंदी ब्लॉगिंग। आज हिंदी ब्लॉगिंग एक समानांतर मीडिया का रूप ले चुकी है और अपने सामाजिक सरोकार को व्यक्त करने की दिशा में पूरी प्रतिबद्धता और वचनबद्धता के साथ सक्रिय है। आज अपनी अकुंठ संघर्ष चेतना और सामाजिक–साहित्यिक–सांस्कृतिक सरोकार के बल पर हिंदी ब्लॉगिंग महज 15 साल की अल्पायु में ही हनुमान कूद की मानिंद जिन उपलब्धियों को लांघने में सफल हुई है वह कम संतोष की बात नहीं है।

OOO

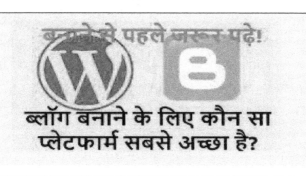

मुफ्त ब्लॉगिंग प्लेटफॉर्म से जुड़कर
फ्री में स्टार्ट करें ब्लॉगिंग

"अगर आप अपना ब्लॉगिंग कैरियर अभी स्टार्ट ही कर रहें है तो मैं आपको राय दूंगा कि आप शुरुआत में ही बहुत ज्यादा इन्वेस्टमेंट करने की न सोचे। आप चाहे तो अपना ब्लॉगिंग कैरियर फ्री मैं स्टार्ट कर सकते हैं। ब्लॉगर, वर्डप्रेस, मायस्पेस और माय वेबदुनिया जैसी कई प्रमुख साइटों पर आप न केवल ब्लॉगिंग कर सकते हैं बल्कि इनपर सारे टूल्स भी उपलब्ध हैं जो एक बेहतरीन ब्लॉग बनाने में आपकी मदद करते हैं, भले ही आप कंप्यूटर के अधिक जानकार न हों। आपकी भाषा में चरण दर चरण मार्गदर्शन उन लोगों के लिए काफी उपयोगी है जो ब्लॉगिंग की शुरुआत करना चाहते हैं।"

1. ब्लॉगर. कॉम
(blogger.com)

ब्लॉगर (पूर्व नामः ब्लॉगस्पॉट) एक ब्लॉग होस्टिंग सेवा है जो गूगल ब्लॉगर प्रोग्राम के द्वारा उपलब्ध कराई जाती है। इस सेवा के जरिए ब्लॉगर्स अपने नए ब्लॉग की शुरुआत कर सकते हैं। इसकी मदद से डोमेन नेम और होस्टिंग जब तक ब्लॉगर चाहे निःशुल्क उपलब्ध रहती है। गूगल के एडसेंस कार्यक्रम के द्वारा ब्लॉगर्स अपने ब्लॉग से आय भी कर सकते हैं।

एक ब्लॉग किसी भी कार्य के लिए प्रयोग किया जा सकता है, चाहे वह निजी दैनंदिनी के रूप में हो या व्यावसायिक कार्य के लिए या सामान्य रूप में अपने विचार दूसरों तक पहुंचाने के लिए ब्लॉग्गिंग का ज्यादा उपयोग किया जाता है। ब्लॉगस्पॉट का आरंभ 1999 में एक होस्टिंग टूल के रूप में पायरा लैब्स ने की थी।

सन् 2003 में इसे गूगल ने खरीद लिया था, और तब से यह इंटरनेट पर सबसे प्रसिद्ध शुल्करहित होस्टिंग वेबसाइट बनी हुई है। यह हर किसी ब्लॉगर का मनपसंद प्लेटफॉर्म है। हम जैसे भारतीय के लिए तो ये वरदान है, जो हमें फ्री में उपलब्ध है। आप अपने जी मेल से लोग–इन कर सकते है और अपना एक फ्री ब्लॉग बना सकते हैं।

यहां पर आपको बहुत सी सुविधाएं मिलती है।
आप ब्लॉगिंग से पैसे भी कमा सकते हैं।

इस पर ब्लॉग निर्माण के लिए कोई जटिल
सॉफ्टवेयर या तकनीकी जानकारी को डाउनलोड
करना या उसका प्रयोग नहीं करना पड़ता। इस
पर अपना ब्लॉग बनाने के लिए प्रयोक्ताओं को
केवल गूगल पर अपना खाता बनाना पड़ता है।
इस पर साइनअप के लिए प्रयोक्ता को एक अलग
नाम रखना होता है जो उसके ब्लॉग का नाम
होगा।

यही नाम डोमेन नेम के रूप में भी प्रयोग होता है।
ब्लॉगस्पॉट पर अन्य कुछ ब्लॉगिंग सेवाओं जैसी
सुविधाएं उपलब्ध नहीं होतीं, लेकिन इसके
सर्वसाधारण टूल्स और अन्य सुविधाएं ब्लॉगिंग को
अत्यंत सरल बना देती हैं। किन्तु इसका अर्थ ये
नहीं है, कि ब्लॉगस्पॉट पर आधुनिक सुविधाएं नहीं
हैं। अधिकांश उन्नत प्रयोक्ता अपने ब्लॉग में कई
परिवर्तन ला सकते हैं, जिसमें अपना साँचा
(टेम्प्लेट) डिजाइन करना और गूगल का जालस्थल
विश्लेषण (वेबसाइट एनलाइजिंग) कार्यक्रम का
प्रयोग करने तक की भी सुविधाएं हैं। गूगल पर
कई हजार उपकरण (गैजेट) हैं जिनको ब्लॉग्स पर
जोड़ा (अटैच किया) जा सकता है। इनकी मदद
से ब्लॉगर बहुउपयोगी उपयोक्ता ब्लॉग तैयार कर

सकते हैं, जिसकी मदद से कई ब्लॉगर एक ही ब्लॉग पर अपना योगदान दे सकते हैं।

2. वर्डप्रेस (WordPress.com)

वर्डप्रेस भी ब्लॉगर साइट की तरह ही अच्छा ब्लॉगिंग प्लेटफार्म है, लेकिन इसमें ब्लॉगर से कुछ ज्यादा ही फीचर दिये है। आज लगभग 80 प्रतिशत ब्लॉग या वेब लॉग साइट्स वर्डप्रेस पर ही बनी हैं। अगर आप लोगों तक अपनी प्रतिभा या शौक को पहुँचाना चाहतें हैं तो उसके लिए अपना स्वयं का ब्लॉग, जिसे आप एक ऑनलाइन डायरी भी कह सकते हैं, एक सटीक माध्यम है वर्डप्रेस पर बनाया गया ब्लॉग। केवल शौक के तौर पर ही नहीं अपितु, बहुत से ब्लॉग्गर्स वर्डप्रेस पर अपनी खुद की साइट बना कर अपनी आजीविका भी चलाते है। यहां ब्लॉग के लुक की कई ज्यादा अच्छी वैरायटी मिल सकती है। जबकि ब्लॉगर में एक सीमित लुक होता है। यहां पर आपको एक ब्लॉग बनाने के बाद उसे सुंदर दिखाने के लिए पता नही कितने प्लग इन, थीम्स, विजेट्स लगाने पड सकते हैं। ये थोडा ब्लॉगर से ज्यादा प्रफेशनल है।

इसमें ब्लॉग अथवा वेबसाइट बनाना बहुत ही आसान है। अगर आप कोई टेक्निकल प्रोग्रामिंग

की भाषा नहीं भी जानते हैं, तब भी आप वर्डप्रेस इस्तेमाल करके अपनी एक व्यावसायिक लगने वाली वेबसाइट अथवा ब्लॉग बना सकते हैं। इसे आप बहुत आसानी से इनस्टॉल या स्थापित कर सकते हैं और इसको अपडेट करना भी उतना ही आसान है। NetLive आपको आटोमेटिक वर्डप्रेस स्थापित कर के देता है, जिस में आपको कोई मेहनत नहीं करनी पड़ती और ये नए वर्डप्रेस संस्करणों को भी अपने आप अपडेट कर देता है। इसलिए यह एक बिना मुसीबत वाला, नवीनतम ब्लॉग अथवा वेबसाइट बनाने का साधन है। ये सर्च इंजिन्स, जैसे गूगल व बिंग के हिसाब से आपकी वेबसाइट को अनुकूल बना देता है, जिससे आप की वेबसाइट अथवा ब्लॉग किसी के द्वारा ढूंढने पर सर्च रिजल्ट पृष्ठों में सब से ऊपर आ जाये।

इसके बहुत से प्लग–इंस आते हैं, जिन को इस्तेमाल कर के आप अपनी वेबसाइट की कार्यक्षमता को बढ़ा सकते है। जैसे– सुरक्षा बढ़ाने के लिए, ॕम्ब के लिए, सोशल मीडिया पर बांटने के लिए, आदि। अपनी जरूरत का प्लग–इन पाने के लिए आप वर्डप्रेस प्लग–इन डायरेक्टरी https://wordpress.org/plugins/ का इस्तेमाल कर सकते हैं। यह एक बहुत ही बढ़िया सुविधा है कि आप अपने पाठकों से अपनी वेबसाइट पर टिप्पणी (comment) करने को कह सकते हैं। ये

सुविधा ब्लॉगिंग साइट्स और ऐसे फोरम्स जहाँ विचार विमर्श किया जाता हैं, के लिए अत्यंत लाभकारी है।

3. मायस्पेस

(Myspace.com)

myspace पश्चिम के देशों में बहुत ही लोकप्रिय माना जाने वाला ब्लॉगिंग प्लेटफार्म है। यहां पर आपको अच्छी ब्लॉगिंग के साथ अच्छे दोस्त भी मिल जाते है। और उन से बातें भी कर सकते हो। यहां पर आप संगीत, विडियो और लेख को लिख कर उन्हें दूसरों के साथ शेयर करने का मजा भी आता है। अगर आपको अपनी अच्छी पहचान बनानी है तो आप इसका सहारा ले सकते हो। Myspace आपको एक अलग ऑनलाइन पहचान बनाने का मौका मुहैया कराता है।

4. लाइव जर्नल

(LiveJournal.com)

अब तक जितने भी ब्लॉगिंग प्लेटफार्म की बात की है उन्हीं की तरह ये प्लेटफार्म भी आपको सारी सुविधाएं फ्री में देता है। यहां पर आपको ब्लॉगर जैसे फीचर्स मिल सकते है। और इससे ऊपर आपको innovative चीजें भी मिलती है जैसे आपको कैलेण्डर, पोल और साम में ही ऑनलाइन कम्युनिटी जैसे नेटवर्किंग फीचर्स भी मिलते है।

यह प्लेटफार्म सारा का सारा open source पर निर्भर है।

5. मोबाइलटाइप
(Movabletype.com)

यह ब्लॉगिंग प्लेटफार्म आप थोडा वर्डप्रेस जैसे महसूस करा सकता है। क्योंकि ये आपको वर्डप्रेस की तरह दो तरह से ब्लॉग को रन करने देता है। एक तो आप यहां पर वर्डप्रेस.कॉम की तरह होस्टिंग लेकर ब्लॉग सी सुविधाएं देता है और दूसरा यहां आप फ्री में भी ब्लॉग बना सकते हो।

इसकी खासियत यह है की एक से ज्यादा ब्लॉग बनाकर उनकी सभी फाइलों को संभालना और इसमें ही हर यूजर को एक अलग रोल मे तैयार करना। ये सुविधाएं ही इसे और ब्लॉगिंग प्लेटफार्म से अलग बनाता है।

इसके अलावा हिन्दी के कुछ ब्लॉग होस्ट है, जो अन्य ब्लॉगर होस्ट की तरह ही आपको निःशुल्क ब्लॉग का प्रकल्प देता है। वैसे तो इस तरह के कई प्रकल्प पूर्व में भी कई क्षेत्रों से प्रारंभ हुए थे, मगर लगभग सभी अचर्चित ही बने रहे और जनता ब्लॉगर-वर्डप्रेस.कॉम से आगे बढ़ी नहीं। फिर भी आपकी आवाज, आपका ब्लॉग बनाने की दिशा

में कुछ समाचार ब्लॉग के साथ भी आप निःशुल्क जुड़ सकते हैं, जो इस प्रकार है-

1. जागरण जंक्शन
(https://www.jagranjunction.com/)

जागरण जंक्शन वर्डप्रेस.कॉम जैसा, प्रयोक्ताओं को मुफ्त ब्लॉग प्लेटफॉर्म की सुविधा प्रदान करता है, परंतु कुछ कम सुविधाओं के साथ। हालांकि जागरण जंक्शन में भी ब्लॉग के रूप–रंग को आप अपने तरीके से सजा–संवार नहीं सकते हैं, मगर इसका इंटरफेस बहुत ही साफसुथरा और वेल डिजाइन्ड प्रतीत होता है। पुराने पोस्टों तथा विषयांकित अन्य पोस्टों के लिंक व टैग–क्लाउड भी बढ़िया लगाए गए हैं। नेविगेशन बहुत ही उम्दा है। शीर्ष में विषय–वार ब्लॉगों के टैब्स भी बड़े सोचविचार कर अच्छे लगाए गए हैं।

2.नवभारत टाइम्स ब्लॉग
(https://blogs.navbharattimes.indiatimes.com/)

इंटरनेट की दुनिया की सबसे महत्वपूर्ण बात है इसकी गतिशीलता। इसमें नया बहुत जल्दी पुराना हो जाता है और नई–नई संभावनाओं के द्वार हमेशा खुलते रहते हैं। सोशल मीडिया के प्लैटफॉर्म रोज नए रूप बदल रहे हैं और उनमें नए–नए फीचर्स जोड़े जा रहे हैं। इस कवायद का

मकसद होता है ज्यादा से ज्यादा लोगों को अपने मंच पर लाना। इसका बड़ा कारण इंटरनेट से पैदा हो रही आय भी है। संख्या बल से आय बढ़ती है। इसी कड़ी में नवभारत टाइम्स ब्लॉग भी वर्डप्रेस. कॉम जैसा, प्रयोक्ताओं को मुफ्त ब्लॉग प्लेटफॉर्म की सुविधा प्रदान करता है। यहाँ भी ब्लॉग के रूप–रंग को आप अपने तरीके से सजा–संवार नहीं सकते हैं, मगर इसका इंटरफेस बहुत ही साफसुथरा और वेल डिजाइन्ड है।

ब्लॉग के माध्यम से पैसे कैसे कमाएं ?

ब्लॉग से पैसे कमाने के लिए सबसे पहले आपको अपना एक ब्लॉग बनाना होता है। ब्लॉग फ्री और पेड दोनों तरीको से बना सकते हैं। फ्री ब्लॉग बनाने के लिए आपको ब्लॉगर प्लेटफॉर्म चुनना होगा और पेड ब्लॉग बनाने के लिए आपको वर्डप्रेस चुनना होगा। अगर आप एक नए ब्लॉगर हैं तो मैं आपको सुझाव दूंगा की आप ब्लॉगर पर अपना ब्लॉग बनाये, क्योंकि ये फ्री है और आप इससे बहुत कुछ सीख जायेंगे।

ब्लॉग से पैसे बनाने के लिए विषय पर बड़ी सावधानी से सोचना होता है। यदि आपके पास एक ब्लॉग है जिसके थोड़े दर्शक हैं, तो ईमानदारी से यह जानने की कोशिश करें कि क्या उस विषय में काफी लोगों को आकर्षित करने की क्षमता है

जो किसी प्रतिष्ठित ब्लॉगर ने अभी तक नहीं किया है। अगर ऐसा है तो बहुत अच्छा, अगर नहीं तो एक दूसरा ब्लॉग शुरू करने में कोई खराबी नहीं है, जो ज्यादा दर्शकों को आकर्षित करने, मार्केटिंग करने, और पैसे बनाने में अत्यधिक कामयाब हो सके।

1. विषय को सूचीबद्ध करें

ब्लॉग पर हर उस विषय को सूचीबद्ध करें जिसके बारे में आप जानकारी या रुचि रखते हों, क्योंकि उस ब्लॉग, से पैसे बनाना ज्यादा आसान होगा जिसमें आप दिलचस्पी रखते हों। यदि आप किसी विषय पर सिर्फ इसलिए लिख रहे हैं क्योंकि आपको पैसा कमाना है तो यह कभी सफल नहीं होगा। उदाहरण के लिए, आप अपने निजी शौक, कैरियर, या कुछ विशेष चीजें जिसका आपको ज्ञान हो, उस पर लिख सकते हैं। विषयों को उनके फायदे और दूसरे लक्ष्य को उजागर करने के हिसाब से रखें। पैसे बनाने के लिए उस विशिष्ट विषय को चुनें जिसे किसी और ने नहीं चुना है। दूसरे पहलुओं पर भी ध्यान दें, जैसे कि अगर आप किसी सामान का रिव्यू करना चाहते हैं तो उसे खरीदने में क्या खर्च आएगा।

कुछ ब्लॉग को इसलिए पैसे दिये जाते हैं कि वे न्यूज आर्टिकल, कंपनी के स्टोर या किसी तीसरे पार्टी के वैबसाइट का लिंक देते हैं। ज्यादा

महत्वपूर्ण ब्लॉग ज़्यादातर इन साधारण विषयों को शामिल करते हैं, जैसे कि व्यापार (बिजनेस इनसाइडर), खेल–कूद (एसबी नेसन), मशहूर हस्तियों के गप–शप (पेरेज हिल्टन), और संगीत (पिचफोर्क) आदि।

विस्तृत के बजाय किसी निश्चित विषय को लें, जैसे मैरथॉन के प्रशिक्षण पर लिखें ना कि साधारण फिटनेस पर। काँच के गहने कैसे बनते है उस पर लिखें ना कि वास्तु और कला पर। यदि आप उपभोक्ताओ में प्रसिद्ध होना चाहते हैं तो आपको कुछ विस्तार से अपने विषय के कंटैंट पर काम करना होगा। फिटनेस, फाइनेंस, या संबंधो के सालाह के बारे में उपविषय रखने से वह ज्यादा लोगों के बीच पहुंचता है। कॉलेज में पैसे को संभालना, या शादी के बारे में परामर्श ऐसे विषय हैं जिसमे ज़्यादा से ज़्यादा लोगों की दिलचस्पी होगी।

अपने ब्लॉग से मिलते-जुलते विषय वाले ब्लॉग ढूंढे। सर्च इंजिन और सर्च बार का प्रयोग ब्लॉग होस्टिग साइट के अंदर आपके विषय या उनसे मिलते–जुलते विषय वाले ब्लॉग को ढूँढने के लिए करें। उनमें से सबसे ज्यादा विख्यात ब्लॉग को पढ़ें, जिसे सर्च रैंकिंग में ऊपर दिखाया गया है, ज्यादा कोमेंट्स मिले हो, और जिसे 20,000 या उससे ज्यादा पढ़ा गया हो। यह जानने की

कोशिश करें कि आपके विषय में लोगों की कितनी रुचि है और प्रतिस्पर्धा कितनी है। यदि आपको कोई आपके विषय से मिलता–जुलता लोकप्रिय ब्लॉग नहीं मिल रहा तो शायद आपने कुछ ज़्यादा ही विशिष्ट विषय चुन लिया है।

लोग अपने रुचि के विषय के लिए अनेक संबन्धित ब्लॉग को देखते हैं, और हरेक ब्लॉग लिखने वाला अपने ब्लॉग को दूसरे से जोड़ कर साइट का ट्रेफिक बढ़ा सकता है।

यदि आपके ब्लॉग के विषय से मिलता हुआ कोई लोकप्रिय ब्लॉग है तो सावधान हो जाएँ कि प्रतिस्पर्धा ज्यादा है। अपनी विषयवस्तु को थोड़ा घुमा दें। उस लोकप्रिय ब्लॉग का पूरक बनने की कोशिश करें, न कि प्रतिद्वन्दी।

जाँचिए कि आप अपने विषय के बारे में कितना जानते हैं। यदि आप आश्वस्त नहीं हैं कि क्या लिखना है तो ब्लॉग से पहले लेखों के लिए बहुत सारे शीर्षक लिखने का प्रयास करें।

यदि आप अपने विषय पर कम से कम तीस शीर्षक नहीं सोच पाते तो आपको किसी और विषय के बारे में सोचना चाहिए, जिस पर आप ज्यादा जानते हों।

2. ब्लागिंग प्लेटफार्म तय करें

मुफ्त के ब्लॉगिंग सेवा पर गौर करें। अधिकतर लोग मुफ्त में ब्लॉग बनाते हैं प्रचलित सेवाओं का प्रयोग करके जैसे कि वर्डप्रेस.कॉम या गूगल ब्लॉगर। यह उन लोगों के लिए अच्छा विकल्प है जो वेब डिजाइन के जानकार नहीं हैं या अपने होस्टिंग के लिए मूल्य नहीं चुकाना चाहते या इन सेवाओं के आसानियों और स्थिरता का आनंद लेना चाहते हैं। इन सेवाओ की कुछ सीमाएं भी होती हैं अतः सोचें की आप उनसे पैसा कैसे बनाएँगे। जो भी हो, यह हमेशा ध्यान रखें कि आपका ब्लॉग मुफ्त सेवाओं की मर्यादा को ना तोड़े।

वर्डप्रेस.कॉम कुछ हद तक प्रचार, पे–पल लिंक और कुछ हद तक एफिलीएट लिंक को सहारा देता है। वैबसाइट उन ब्लॉग को होस्ट नहीं करता जिसमें सिर्फ तीसरे पार्टी का प्रचार और सेवा, बैनर वाला प्रचार या वे प्रचार जिससे जल्दी अमीर बनने की बात हो, जुआ, पोर्नोग्राफी, मल्टी लेवल मार्केटिंग या खराब छवि वाला व्यापार हो।

गूगल ब्लॉगर में गूगल ऐडसेन्स, पे-पल लिंक और एफिलीएट लिंक की सुविधा है। यदि आप ज्यादा एफिलीएट लिंक का उपयोग कर रहे हैं या किसी को पैसा दे रहे हैं सर्च इंजिन रैंकिंग के लिए, तो गूगल उसे कम–से–कम सर्च रैंकिंग पर

डाल देगा जहाँ से पाठकों का ट्रेफिक काफी घट जाता है।

अपना ब्लॉग होस्ट करने के बारे में सोचें। यदि आप अपना डोमैन नेम खरीदते हैं तो आपको होस्टिंग सेवा के लिए महीने या साल में कुछ पैसे अदा करने पड़ते हैं, जिससे आपका वैबसाइट मौजूद रहे। फायदा यह है कि आप उसमें मनचाहा बदलाव कर सकते हैं, ज्यादा कमाई लायक बना सकते हैं, और साइट पर आपका सीधा नियंत्रण होता है जिससे ब्लॉग के ट्रेफिक को परखा जा सकता है।

यदि आप वेब डिजाइन से परिचित नहीं हैं तो आपके पास जानकार मित्रों का साथ होना चाहिए जो आपकी सहायता करेंगे। खुद से होस्ट किए गए ब्लॉग आसानी से हैकर्स के द्वारा प्रभावित होते हैं, या अनुभवहीन मालिकों की गलती से।

आसानी से याद होने लायक डोमैन नेम चुनिये और उपयोग कीजिये (यूजरनेम).कॉम यदि संभव हो, यदि आप लेखक या दूसरे पब्लिक बंदे हैं।

3.सम्मोहक सामग्री बनाएँ

अपने ब्लॉग को रूचिपूर्ण बनाएँ। यदि आप मुफ्त सेवा का उपयोग कर रहे हैं तो वहाँ पर एक

ट्यूटोरियल गाइड होता है जिसमें ब्लॉग को सेट करने के लिए प्रारम्भिक क्रम दिये होते हैं। साथ ही समस्याओं के समाधान के लिए फोरम भी रहता है। यदि आप अपना साइट खुद ही होस्ट कर रहे हैं, तो आपको किसी वेब डिजाइन में माहिर व्यक्ति से सहायता लेनी होगी जिससे ब्लॉग सबके अनुरूप हो सके, या एक सॉफ्टवेयर का प्रयोग करना होगा जैसे कि वर्डप्रेस.ओआरजी, मुफ्त के सेवाओं वाले स्ट्रक्चर का उपयोग करने के लिए।

अधिकतर ब्लॉग होस्टिंग सेवाएँ पैसे से मिलने वाले अपडेट के साथ आते हैं, जिनसे साइट को बेहतर किया जा सकता है। तबतक मुफ्त सेवा का उपयोग करते रहे जब तक कि ब्लॉग सफल ना हो जाए।

मौलिक कंटैंट ही लिखें। अपने हर ब्लॉग के लिए नए टॉपिक चुनें और पोस्ट को खुद लिखें। किसी और के काम को कॉपी–पेस्ट या थोड़ा संशोधित कर पोस्ट न करें। पढ़ने वाले तभी आपके पास आएंगे जब वे आपके लिखने और टॉपिक चुनने की कला से प्रभावित होंगे। आप पढ़ने वाले की संख्या बढ़ा सकते हैं उस कंटैंट को पोस्ट करके जो पहले से ऑनलाइन मौजूद नहीं हैं। जैसे कि 20वीं शताब्दी के पहले के किताब या कला को स्कैन कर के। उस कंटैंट के इर्द–गिर्द आपको कुछ लिखना या बोलना भी जरूर चाहिए।

बार-बार ब्लॉग पर कुछ नया करते रहें। यदि आपका ब्लॉग काफी पुराना हो जाए तो कोई भी तकनीक उससे आपकी कमाई नहीं करवा सकती । सप्ताह में एक बार पोस्ट करने की कोशिश करें। उस विषय को लें जिसे पहले नहीं डाला गया था और आपके ब्लॉग के मुख्य टॉपिक से मेल खाता हो।

4.ब्लॉग की मार्केटिंग करें

ब्लॉग पोस्ट लिखने से पहले की वर्डस चुनें। कीवर्डस वे शब्द हैं जिनसे आपके ब्लॉग का टॉपिक संबंध रखता है, विशेषकर तब जब आप नए सबटॉपिक को हर बार पोस्ट में डालते हैं। एक अच्छा कीवर्ड रहने से लोग आपके ब्लॉग को जल्दी से खोज पाते हैं और यह सर्च रिजल्ट में ऊपर के पायदान पर दिखता भी है, जो पढ़ने वाले को आकर्षित करता है। इन लोगों को आप वही प्रचार दिखा सकते हैं जो कीवर्ड से संबन्धित है और जिन पर उनके क्लिक करने की संभावना ज्यादा है।

आप गूगल कीवर्ड रिसर्च टूल का उपयोग कर सकते हैं यह अनुमान लगाने के लिए कि गूगल को कीवर्ड से संबन्धित प्रचार दिखने के लिए विज्ञापक कितना दे रहे हैं।

कीवर्डस को महत्वपूर्ण जगहों पर डालें। इसे ब्लॉग पोस्ट के शीर्षक में, नए हिस्से को दर्शाने वाले "हैडर" में, पोस्ट के पहले वाक्य में और लिंक में डालें। अपने सेटिंग को बदलें जिससे प्रत्येक ब्लॉग पोस्ट के यूआरएल (URL) में पोस्ट का शीर्षक भी शामिल हो, ना कि किस तिथि को पोस्ट किया गया।

यदि आपके ब्लॉग सॉफ्टवेयर में कीवर्ड "टैग" करने की सुविधा है, तो जितना सही हो इसका प्रयोग बार–बार करें। आप ब्लॉग को ब्लॉग सॉफ्टवेयर के बजाय, एचटीएमएल की सहायता से पोस्ट कर रहे हैं तो आप टैग का पूरा ध्यान रखें।

अपने आर्टिकल को सोशल मीडिया और ब्लॉग डायरेक्टरी में पोस्ट करें। अपने साइट के ट्रेफिक को बढ़ाने के लिए उसे ट्विटर, फेसबुक, और दूसरे सोशल साइट पर जल्दी–जल्दी अपडेट करते रहें। उन ब्लॉगिंग समुदायों को ढूँढे जहां के पाठक आपसे वास्ता रखते हैं और कोमेंट्स या फॉरम में अच्छे आर्टिकल के लिए लिंक पोस्ट करते हैं। यह आपके साइट को ट्रेफिक दिलाने में मदद करता है और आपका सर्च इंजिन रैकिंग बढ़ता है।

मिलते-जुलते ब्लॉग को खोजे और दूसरे ब्लॉगर से क्रॉसलिंक करने को कहेंरू सोशल मीडिया और

ब्लॉगिंग साइटों पर ब्लॉगर से संपर्क करें और एक दूसरे का प्रचार करने की बात करें। बहुत सारे ब्लॉगर लिंक को ट्विटर पर आसानी से पोस्ट कर देते हैं अगर वे आपके ब्लॉग का प्रचार अपने ब्लॉग पर न भी करना चाहें।

यदि आप मुफ्त होस्टिंग सेवा का उपयोग कर रहे हैं तो जरूरत से ज्यादा क्रॉसलिंकिंग से समस्या उत्पन्न हो सकता है। दूसरे ब्लॉग पोस्ट को कभी कभार ही लिंक करें, जब वो आपके दर्शको के लिए अत्यधिक प्रासंगिक हो। ब्लॉग के बजाय सोशल मीडिया पर आप ज्यादा लिंक साझा कर सकते हैं।

भुगतान किए जाने वाले प्रचार से अपने ब्लॉग को बनाइये। यदि आप गंभीर हैं और समय और पैसा दोनों लगाना चाहते हैं दर्शक पाने के लिए तो आप फेसबुक पर अपना प्रचार कर सकते हैं, पासे दे कर स्टंबल–अपोन पर अपना ब्लॉग दाल सकते हैं, या गूगल–एडसेन्स पर विज्ञापट दे सकते हैं।

कोशिश करें कि छा जाएँ। यह न आसान है और न ही निश्चित, लेकिन इसके लिए कोशिश करना मजेदार होगा, भले ही फेल हो जाए। यदि आप विडियो या मजेदार फोटो या हसोड़ चीजें बहुत सारे लोगों को साझा कर सके और आपका कंटैंट

भीड़ से कुछ अलग सा है तो आपके ब्लॉग पर पाठको का अंबार लग सकता है।

अपने बजट के अंदर ही कुछ करने की कोशिश करें। अगर आप कंपनी का ब्लॉग चला रहे है तो आपके पास बजट हो सकता है पर अपने ब्लॉग के लिए महँगे उपकरणों या प्रचार माध्यमों का प्रयोग न करें। अपने दोस्तों के साथ मिल कर कुछ ऐसा हल्का फुल्का करने की कोशिश करें जिसके सोशल मीडिया पर छा जाने या वाइरल होने की संभावना तीव्र हो।

पैसा बनाने की ये विधियाँ तब तक उपयोगी नहीं है जब तक आपके ब्लॉग के पर्याप्त पाठक ना हों। पहले मार्केटिंग और प्रचार के बारे में पढें, भले ही आपने प्रचार को शामिल करने के बारे में अभी नहीं सोचा है। कम से कम आपको अपने ब्लॉग पाठको को खींचने के लिए के सोशल मीडिया के साइट पर लिंक को पोस्ट करना चाहिए।

प्रासंगिक प्रचार सेवा का उपयोग करें। जब आपके ब्लॉग में अच्छी गुणवत्ता वाले कंटैंट हैं जो पाठको को आकर्षित करना शुरू कर चुके हैं, तब आप पैसे बनाना शुरू करने के लिए गूगल ऐडसैन्स, ˘वतक।के या कोई दूसरा प्रासंगिक प्रचार सेवा का उपयोग कर सकते हैं। ये सेवाएँ आपके द्वारा बताई संख्या, आकार, स्थान इत्यादि के

अनुसार स्वतः प्रचार दिखाती हैं। जितने ज्यादा पाठक प्रचार पर क्लिक करते हैं उतना पैसा प्रचार करवाने वाले के तरफ से आपको मिलता है।

सावधान रहें कि अनेक ब्लॉग होस्टिंग सेवा अपने से जुड़े प्रचारक को ही विज्ञापन दिखाने की अनुमति देते हैं, और यदि होस्ट कंपनी के तरफ से प्रचार नहीं है तो ब्लॉग को बंद कर देते हैं। यदि आप अपना ब्लॉग पोस्ट कर रहे हैं तो प्रासंगिक प्रचार सेवा के बारे में आपको जानना चाहिए और उनमे से एक को चुनना चाहिए जो सही प्रचार दिखाये।

कुछ सेवाएँ पोर्नोग्राफी की अनुमति देती हैं जो आपके ब्लॉग के लिए सही नहीं हो।

जब आप तीसरी पार्टी का ऐड सेवा ले रहे हैं तब प्रचार आपके कीवर्ड के अनुसार आते हैं। इसलिए कीवर्ड की महत्ता आपके लिए काफी बढ़ जाती है। अगर अपने सही कीवर्ड का इस्तेमाल नहीं किया है तो आपके साइट पर ऐसे प्रचार आएंगे जिनमे आपके पाठकों की दिलचस्पी नहीं होगी।

यदि आपको गूगल ऐडसैन्स के तरफ से मंजूरी नहीं मिल रही हो तो आप मीडिया.नेट, बाइसेलऐड, ब्लॉगऐड , चितिका, इंफोलिंक आदि को कोशिश कर सकते हैं।

5.ऑनलाइन स्टोर बनाएँ

अगर उचित लगे तो ऑनलाइन स्टोर बनाएँ। यदि आप कला या शिल्प संभण्डित ब्लॉग लिखते हैं तो एट्सी या किसी दूसरे सर्विस के मदद से एक ऑनलाइन दुकान तैयार कीजिये जहां आप अपनी कलाकृतियों को बेचेंगे। यदि आप लेखक या छायाकार हैं तो उन वैबसाइट को देखें जहां टी–शर्ट बेचे जा सकते हैं आपके डिजाइन और उक्तियों को छापकर। बहुत से ब्लॉग विषयों को प्रॉडक्ट से नहीं जोड़ा जा सकता। और पैसे बनाने के लिए कुछ भी बेचने की जरूरत नहीं है, परंतु यदि आपका ब्लॉग उस प्रॉडक्ट में सही बैठता है तो ऐसा अवश्य करें।

पाठको को अपने सामान खरीदने दें या अपने ब्लॉग के माध्यम से अपने काम के लिए दान करवाएँरू यदि आपके पास कला और शिल्प के लिए ऑनलाइन स्टोर है या आप टी–शर्ट डिजाइन करते हैं जो कपड़े के वैबसाइट पर होते हैं, तो उनका लिंक डालें। पे–पल बटन को शामिल करें जिससे जल्दी और सुरक्षित खरीददारी की जा सके या दान एक तरीका है कलात्मक ब्लॉग से पैसा बनाने का, या वे ब्लॉग जो मुफ्त सलाह देते हैं जो इसे वहाँ नहीं कर सकते। देखें कि कैसे पे–पल को ब्लॉग पर डालते हैं किसी विशेष निर्देश के लिए। वर्डप्रेस कुछ विशेष पे–पल बटन

के सेटिंग पर काम करता है। तस्वीर के अलावा किसी भी कस्टमाइज्ड विकल्प को नहीं चुने। अपना प्राथमिक ईमेल ऐड्रेस, ना कि व्यापारिक आईडी जो आपके पास है। अंत में कॉपी और पेस्ट करे ईमेल टैब के अंदर, ना की वैबसाइट टैब में।

एफिलीएट प्रोग्राम के बारे में सोचें। आप अगर कंपनी के प्रॉडक्ट के लिंक के लिए राजी हैं, तो अपने ब्लॉग के लिए एफिलीएट प्रोग्राम को ढूंढें। आपके साइट के लिंक से खरीददारी होते ही आपको भुगतान किया जाएगा। आप इस तरह के कंपनी को संबन्धित डायरेक्टरी में ढूंढ सकते हैं जैसे की क्लिक बैंक या इससे संबन्धित किसी अकेले कंपनी के वैबसाइट को भी खोज सकते हैं। ऐसा करने से पहले इन पहलुओं पर ध्यान दें। आपको समझना होगा कि आपका एफिलीएट प्रोग्राम लिंक भेजने वाले पहले साइट को पैसे देता है या अंतिम को। यदि अंतिम व्यक्ति को दिया जाता है तो किसी अन्य ब्लॉगर साइट के उसी प्रॉडक्ट रिव्यू को लिंक न करें।

अपने कँटैंट से संबन्धित प्रोडक्ट्स चुनें, जिसे आपके पाठक खरीदेंरू यदि आप खाना बनाने का ब्लॉग लिखते है तो रसोई के सामानों को दिखाए ना कि महंगे वयवसायिक सेफ। देखे कि कौन है

वो जो आपके टॉपिक का प्रशंसक है और खरीद सकता है।

ईमानदार रहें और एफिलीएट से लिंक देते समय काफी मात्रा में कंटेंट दे। अपना कंटेंट खुद लिखें और उन्हीं प्रॉडक्ट की सिफारिश करें जिन्हें प्रयोग कर आपको आनंद आया हो। ईमानदारी से समीक्षा दें, खराबी को बताएं, जैसा कि आप अपने किसी दोस्त को प्रॉडक्ट की सलाह दे रहे हैं। यदि आप सच में समान को नहीं पसंद करते तो उसका जिक्र न करें और लिंक में ना डाले।

6. गूगल ऐडसेंस से विज्ञापन प्राप्त करने की कोशिश करें

ब्लॉग पर एडवरटाइजिंग से पैसे कमाने के लिए आपको किसी ऐड नेटवर्किंग साइट से जुड़ना होगा। जब आप किसी ऐड नेटवर्किंग साइट से जुड़ जायेंगे, तब वो आपको अपने विज्ञापन आपके ब्लॉग पर लगाने के लिए देगी।

आज कल बहुत सारी ऐड नेटवर्किंग साइट हैं जो आपको विज्ञापन मुहैया कराती हैं। उनमे सबसे बेस्ट गूगल ऐडसेंस (Google Adsense) है। अगर आप एक ब्लॉगर हैं तो आपने गूगल ऐडसेंस के बारे में जरूर सुना होगा।

गूगल ऐडसेंस आपको सबसे ज्यादा CPC (Cost Per Click) देता है, पर ऐडसेंस से पैसे कमाने के लिए आपको सबसे पहले गूगल ऐडसेंस पर आवेदन करना होगा। फिर अगर ऐडसेंस को आपका कंटैंट पसंद आया तब आपको एप्रूवल मिल जायेगा। उसके बाद आप अपने ब्लॉग पर एडसेंस के विज्ञापन दिखा सकते हैं और जब कोइ आपके उन विज्ञापन पर क्लिक करता है तब आपकी कमाई होती है।

7. पेड प्रमोशन का प्रयोग करें

पेड प्रमोशन भी अपने ब्लॉग से पैसे कमाने का एक अच्छा तरीका है। लेकिन पेड प्रमोशन तभी मुमकिन है जब आपके ब्लॉग पर बहुत सारा ट्रैफिक आता हो या आपका ब्लॉग अधिक लोकप्रिय हो, क्योंकि अगर ये सब नहीं होगा तो कोई भी व्यक्ति आपके ब्लॉग पर प्रमोशन नहीं करवाना चाहेगा।

पेड प्रमोशन का मतलब होता है अपने ब्लॉग पर किसी अन्य ब्लॉग, कंपनी, वीडियो आदि का प्रचार करना और बदले में पैसे चार्ज करना। अगर आपका ब्लॉग अधिक लोकप्रिय है तो लोग खुद ही आपके पास प्रमोशन के लिए आएंगे या फिर आप

अपने ब्लॉग पर पेड प्रमोशन का एक अलग से पेज या फॉर्म लगा सकते हैं जिसके माध्यम से आप प्रमोशन के सभी नियमों, शर्तों और चार्ज के बारे में बता सकते हैं।

तो ये थे अपने ब्लॉग से कमाई करने के कुछ जरूरी तरीके। मुझे उम्मीद है की अब आप जान गए होंगे की ब्लॉग से पैसे कैसे कमाते हैं। मैंने यहाँ पर बहुत सारे तरीके न बताते हुए सिर्फ ये 7 तरीके इसलिए बताये हैं ताकी आप इनकी मदद से अपने ब्लॉग से जीवनपर्यंत कमाई कर सकते हैं। इसके वाबजूद आपको समय समय पर नए नए प्रयोग करते रहने चाहिए ताकि आपको पता चले कि किस तरीके से आप अच्छी कमाई कर सकते हैं। आपका ब्लॉग जबतक पैसा बनाना शुरू न करे तबतक धैर्य रखें। कुछ महीनों का वक्त दें, और तब तक पाठकों को आकर्षित करने के नए नए तरीकों के बारे में सोचते रहें।

OOO

फेसबूक से पैसे कमाने के तरीके

क्या आपको पता है फेसबूक से भी पैसे कमाये जा सकते है। अब प्रश्न यह उठता है कि फेसबुक से पैसे कमाने के लिए क्या चाहिए? फेसबुक पर अपनी एक समुदाय बनाये जिसको लोग फॉलो करे और जॉइन करे। इसके लिए सब से पहेली चीज जो आपके पास होना चाहिए वो है फेसबूक पेज या फेसबूक ग्रुप और इसको लाइक करने वाले तथा फोलोवर्स की संख्या अत्यधिक हो। जितने ज्यादा यूजर उतने ज्यादा पैसे कमाने का मौका। अब चलिए देख लेते है क्या क्या तरीके हो सकते है फेसबुक से पैसे कमाने के।

शुरुआत में वे एक फेसबुक पेज बनाते है और जब फेसबुक पेज पॉपुलर हो जाता है तो फिर कमाई के सारे रास्ते खुल जाते है। फिर वे अपनी वेबसाइट बना लेते है और अपनी वेबसाइट की पोस्ट को अपने फेसबुक पेज पर शेयर करते है और उससे हजारों लाखों लोग उनकी वेबसाइट पर विजिट करते है और वेबसाइट पर लगे विज्ञापनों पर क्लिक करते है जिससे वेबसाइट या फेसबुक पेज के मालिक को कमाई होती है। यह बात अजीब लगती है कि कैसे कोई फेसबुक पेज से महीने के लाखों–करोड़ों रूपये कमा सकता है लेकिन ज्यदातर लोग फेसबुक की ताकत को नहीं समझते। एक पोस्ट को अगर 100 लोग शेयर करते है तो इसका मतलब यह है कि अगले 7 दिनों में वह 100 शेयर 100X100 यानि की 10000 शेयर्स में बदल जाएगें।

आइए आपको पैसे कमाने के कुछ टिप्स देते हैं:

1: एफलिएट मार्केटिंग: फेसबूक पर किसी भी प्रोडक्ट की एफलिएट लिंक शेयर कर सकते है, अगर कोई उसपर क्लिक करके खरीदता है तो हमें उसका कमीशन मिलेगा। हम अपनी एफलिएट लिंक अगर हमारा फेसबुक पेज है तो हम उसपर शेयर कर सकते है, या फिर फेसबुक पर जो ग्रुप्स है उनमे शेयर कर सकते हैं। जितनी भी ई कॉमर्स वेबसाईट है हम उनपर अपना एफलिएट एकाउंट

बना कर आसानी से किसी भी प्रोडक्ट की एफिलिएट लिंक पा सकते है, और उस लिंक को शेयर करके पैसे कमा सकते है। जिस भी प्रोडक्ट की एफिलिएट लिंक शेयर करे वो इंटरेस्टिंग होना चाहिए, या उसपर अच्छा डिस्काउंट मिल रहा हो ताकि लोग उसपर क्लिक करके तुरंत उसको खरीद ले और हमें उसका कमीशन मिल जाय।

2: फेसबूक पेज सेल करें: आपने देखा होगा फेसबुक पर कितने सारे पृष्ठ है ज्यादातर तो टाइम पास करने के लिए या फिर किसी चीज का प्रमोशन करने के लिए बनाये जाते है ताकि जिसने हमारे पेज को लाइक किया हो उसको हमारी जानकारी मिल जाये। बहुत बार होता है कुछ कंपनी अपने प्रमोशन करने के लिए फेसबुक पेज को खरीद लेती है जिनपर पहले से बहुत सारे लाइक हो ताकि वो अपना प्रमोशन ज्यादा लोगो तक कर सक। अगर आपके पास फेसबुक पेज है तो आप उसको सेल करके पैसे कमा सकते है पर शर्त ये है की उसपर बहुत ज्यादा लाइक होना चाइए और पेज एक्टिव होना चाहिए जिसमे हर पोस्ट पर बहुत सारे लिखे और कमेंट आते हो।

हजारों लोग ऐसे है जो फेसबुक की मदद से हर महीने लाखों रूपये कमा रहे है। ज्यादातर लोग जो फेसबुक से पैसा कमाते है उनकी कमाई का मुख्य तरीका फेसबुक पेज होता है। आज हजारों

फेसबुक पेज ऐसे हैं जिन पर लाखों करोड़ों लाइक्स है। इसका मतलब यह है कि उन फेसबुक पेज के मालिकों के पास एक ऐसा साधन है जिसके जरिये वे एक ही सेकंड में कोई भी सुचना या जानकारी लाखों करोड़ों लोगों तक पहुंचा सकते है। लाखों लोगों तक पहुँच ही उनकी कमाई का जरिया बनती है।

3: फेसबूक ग्रुप सेल करें: जैसे फेसबुक पेज हम सेल कर सकते है वैसे ही फेसबूक ग्रुप भी हम सेल कर सकते है अगर उसमें सदस्य ज्यादा है तो।

4: फेसबूक पोस्ट सेल करें: इन्टरनेट पर बहुत सी बड़ी बड़ी वेबसाइट है जो अपने प्रमोशन के लिए बहुत खर्च करती है वो देखते है कि जिस फेसबूक पृष्ठ पर ज्यादा लाइक है उसपर अपनी साइट की लिंक शेयर करवाई जाये ताकि और ज्यादा विजिटर उनकी साइट में आये। अर्थात यदि आपके पास कोई फेसबुक पेज है और उसपर लाखो में लाइक्स है तो आप पोस्ट शेयर करके उनसे पैसे ले सकते हैं। shopsomething.com एक अच्छी वेबसाइट है जिसपर हम एकाउंट बना कर अपने पृष्ठ के लिए वेबसाइट की लाइक पा सकते है जिनको पेज पर शेयर करने पर हमें पैसे मिलेंगे।

5ः शॉर्ट लिंक शेयर करें: आप किसी भी इम्पोर्टेन्ट लिंक को शार्ट करके ग्रुप्स और फेसबूक पृष्ठ पर शेयर कर सकते है तो जिन लोगो को उसकी जरुरत होगी वे उस लिंक पर क्लिक करेंगे और उससे आपकी आमदनी होगी।

इसके अलावा अगर आपके पास कोई टैलेंट है कोई ऐसी चीज है जिसको आप लोगो को सीखा सकते है, तो फेसबुक एक अच्छा जरिया हो सकता है ऑनलाइन पढ़कर पैसे कमाने का। फेसबुक पर पढ़ा कर पैसे कमाने के लिए आप फेसबूक पर सेक्रेट ग्रुप बनाये और उसमे सदस्यों को जॉइन करने के पैसे ले। इस तरह हम फेसबूक ग्रुप की मदद से उन्हें पढ़ा सकते है और पैसे भी कमा सकते है।

OOO

सोशल मिडिया का समाज पर प्रभाव
IMPACT OF SOCIAL MEDIA ON SOCIETY IN HINDI

दैनिक जीवन में सोशल मीडिया के प्रभाव और दुष्प्रभाव पर एक नजर

सोशल मीडिया के प्रति बढ़ता क्रेज अब पारंपरिक सामाजिक और पारिवारिक रिश्तों को बदल रहा है। फेसबुक, व्हाट्स ऐप, ट्विटर और इंस्टाग्राम समेत ऐसी साइटों का इस्तेमाल करने वाले लोगों की तादाद लगातार बढ़ रही है। एक ओर जहां लिंक्डइन जैसी साइटें रोजगार के मुख्य स्रोत के तौर पर उभर रही हैं, वहीं दूसरी तरफ फेसबुक और व्हाट्सऐप तो आधुनिक जीवन का अनिवार्य हिस्सा हो गए हैं।

सकारात्मक प्रभावः

आज के जमाने में इन्टरनेट की भी अपनी एक अलग दुनिया है जिसपर हम अपने जीवन का अधिकांश समय गुजारते हैं। इन्टरनेट की दुनिया में दोस्त मिल जाते हैं, पढाई हो जाती है, खरीददारी हो जाती है अतः हम यह कह सकते हैं कि जीवन की मूलभूत क्रियाओं के अलावा अन्य **सभी कार्य इन्टरनेट पर हो जाते हैं। इसके** अलावा—

- आंकड़े बताते हैं, कि अगर फेसबुक एक देश होता, तो जनसंख्या के मामले में दुनिया में तीसरे नंबर का देश होता।

- सूचना प्रोद्योगिकी ने आज के दौर को 'Real Time Information' यानी 'वास्तविक समय की सूचनाओं' का बना दिया है। पहले जनता के सरकारों को उनकी गलतियां बताने के लिए पांच साल में समय मिलता था, पर आज वह हर पांच मिनट में ऐसा कर सकते हैं ।

- दुनिया ने कम्प्यूटिंग से संचार तक, मनोरंजन से शिक्षा तक, डॉक्यूमेंट प्रिंट करने से प्रॉडक्ट प्रिंट करने तक और

इंटरनेट ऑफ थिंग्स तक, काफी कम समय में काफी लंबा रास्ता तय कर लिया है।

- आजकल गूगल के टीचरों को कम प्रेरणादायक और बड़े–बुजुर्गों को ज्यादा बेकार बना दिया है, जबकि ट्विटर ने हर किसी को रिपोर्टर बना दिया है।

- अब आप जग रहे हैं या सोए हैं, इससे फर्क नहीं पड़ता। फर्क पड़ता है कि आप ऑनलाइन हैं या ऑफलाइन। युवाओं के लिए सबसे महत्वपूर्ण बहस बन गई है कि एंड्राइड, आईओएस या विंडोज में से किसे चुनना चाहिए।

- जब आप सोशल मीडिया या एक सर्विस के विस्तार के पैमाने और गति के बारे में सोचते हैं तो आपको यह मानना ही पड़ता है कि उम्मीद के मुहाने पर लंबे वक्त से खड़े लोगों की जिंदगी भी इसके साथ–साथ बदली जा सकती है।

- इसमें कोई संदेह नहीं कि सोशल मीडिया ने कई मायनों में जीवन काफी आसान कर दिया है। मिसाल के तौर पर अब पढ़ाई या रोजगार के सिलसिले में सात संमदर पार रहने वाली संतान वीडियो कालिंग सुविधा

के चलते अपने माता–पिता व परिजनों से आमने–सामने बैठ कर बात कर सकती है। इसके अलावा किसी दफ्तर में काम करने वाले तमाम कर्मचारी और बॉस अपने व्हाट्सऐप ग्रुप पर ही मीटिंग और जरूरी चर्चा निपटा रहे हैं। इससे जहां समय की बचत होती है वहीं कामकाजी दक्षता भी बढ़ रही है। अब तो शादी और पार्टियों के कार्ड वगैरह भी सोशल मीडिया के जरिए भेजे जाने लगे हैं। खासकर व्हाट्सऐप पर ग्रुप बना कर किसी मुद्दे पर जागरुकता फैलाने का काम भी हो रहा है।

- एक सर्वेक्षण के मुताबिक अब 89 फीसदी नियुक्तियां लिंक्डइन या कंपनी की वेबसाइट के जरिए हो रही हैं। महज 140 शब्दों का ट्वीट भी देश–विदेश की प्रमुख घटनाओं के तेजी से प्रसार का अहम जरिया बन गया है। दुनिया के बड़े से बड़े देश के नेता भी अब ट्विटर पर आधिकारिक बयान जारी करते हैं, समर्थकों से बात करते हैं, उन तक अपने मन की बात पहुंचाते हैं और इन नेताओं की लोकप्रियता और ताकत का अंदाजा भी सोशल मीडिया पर उन्हें पसंद करने वालों की तादाद देखकर लगाया जा सकता है।

- जन सामान्य तक पहुँच होने के कारण सोशल मीडिया को लोगों तक विज्ञापन पहुँचाने का सबसे अच्छा जरिया समझा जाता है। हाल ही के कुछ एक सालो में इंडस्ट्री में ऐसी क्रांति देखी जा रही है। फेसबुक जैसे सोशल मीडिया प्लेटफॉर्म्स पर उपभोक्ताओं का वर्गीकरण विभिन्न मानकों के अनुसार किया जाता है जिसमें उनकी आयु, रूचि, लिंग, गतिविधियों आदि को ध्यान में रखते हुए उसके अनुरूप विज्ञापन दिखाए जाते हैं। इस विज्ञापन के सकारात्मक परिणाम भी प्राप्त हो रहे हैं साथ ही साथ आलोचना भी की जा रही है। सोशल मीडिया से आप कई प्रकार से अपने व्यापार का विज्ञापन दे कर उसे आगे ले जा सकते हैं जिससे आपको बहुत मुनाफा भी होता है।

- सोशल मीडिया सामाजिक दायरा को विस्तारित करने का कार्य किया है। यह विचारों की अभिव्यक्ति का बेहतरीन मंच साबित हुआ है, जिनके लिए मर्यादा की चौखट लांघने के कदम–कदम पर खतरे थे। यहाँ लोगों के लिए भीड़ से अलग दिखने का बेहद आकर्षक तरीका भी साबित हुआ है। न केवल फेसबुक या ट्वटर, बल्कि अब वाट्सएप और टेक्स्ट

मैसेज को भी सार्थक बनाने और मैसेज की ओर ध्यान आकर्षति करने के लिए विभिन्न कंपनियां सोशल मीडिया का सहारा ले रही हैं। वे जानती हैं कि इसका विस्तार काफी अधिक है और अगर उन्हें भी खुद को दूर तक स्थापित करना है तो इस माध्यम को उन्हें चुनना होगा, जिसके प्रति पाठक या ग्राहक सहज और पारिवाहिक महसूस करता हो। इसके लिए सोशल मीडिया से अच्छा विकल्प और कोई हो ही नहीं सकता।

- दैनिक जीवन में सोशल मीडिया का प्रभाव पर दृष्टि डालें तो दृष्टिगोचर होता है, कि यह बहुत तेज गति से होने वाला संचार का माध्यम है और यह जानकारी को एक ही जगह इकट्ठा करता है। साथ ही सरलता से समाचार प्रदान करता है और यह सभी वर्गों के लिए है, जैसे कि शिक्षित वर्ग हो या अशिक्षित वर्ग। यहाँ तक कि इस पर फोटो, वीडियो, सूचना, डॉक्यूमेंटस आदि को आसानी से शेयर किया जा सकता है। सबसे बड़ी बात तो यह है कि यहां किसी प्रकार से कोई भी व्यक्ति किसी भी कंटेंट का मालिक नहीं होता है।

- आज जो जीवन में घट रहा है, साहित्य में भी, लेकिन पुस्तकें पहले की बनिस्बत ज्यादा प्रकाशित होने के बावजूद पाठकीय संकट से जूझ रही हैं। पिछले कुछ सालों में सोशल मीडिया में वे लोग दाखिल हुए हैं, जिनके पास अपनी बात कहने का कोई मंच नहीं था। प्रकाशन के मंच से वंचित लोगों को इस माध्यम ने अभिव्यक्ति–सुख का अनंत आकाश दिया है।

नकारात्मक अथवा दुष्प्रभावः

अलवर्ट आइन्स्टाइन ने एक बार कहा था, कि **"मुझे भय है कि एक दिन ऐसा आयेगा जब टेक्नोलॉजी मानवीय संबंधों की जगह ले लेगी और तब दुनिया में होगी मूर्खों की एक पीढ़ी।"** अभी जो हालात है उसे देखकर यही कहा जा सकता है कि जिस तरह बच्चे और बड़े एक–दो–तीन फोन और लेप्टोप से लड़े–फदे घूमते दिखाई देते हैं, उससे यह प्रतीत होता है कि हम मूढ़ता के अलावा बहुत अधूरे, प्यासे, बेचौन और अधैर्य भरे जीवन की ओर बढ़ रहे हैं।

यदि इसके नकारात्मक पहलुओं पर ध्यान दें तो देखेंगे कि इसकी सर्वाधिक लत व्यक्ति को बीमार कर रहा है। बहुत से लोग इन्टरनेट पर प्रतिदिन दस पंद्रह घंटे बिताने लग गए हैं तथा वास्तविक दुनिया से नाता तोड़कर इसे ही अपनी दुनिया

समझने की भूल कर रहे हैं। ये लोग इन्टरनेट पर ही अपने दोस्त बनाते हैं, अपनी खुशी और गम उनके साथ साझा करते हैं। यह रिश्ता इतना आभासी होता है कि अगर ये दोस्त वास्तविकता में एक दूसरे के सामने आ जाये तो एक दूसरे को पहचान भी नहीं पाएँ।

- ऐसे लोग जिनका पेशा ही अंतर्जाल पर जीना है उनके लिए यह जिन्दगी जायज हो सकती है परन्तु जब कोई बिना मतलब के अपनी जिन्दगी का अमूल्य समय इस आभासी दुनिया में नष्ट करने लग जाता है तब वह स्थिति भयावह हो जाती है एवं उसके दुष्परिणाम भी सामने आने लगते हैं। यह इंसानी जीवन के लिए बहुत घातक साबित हो सकती है क्योंकि इसकी वजह से रिश्तों में आत्मीयता का अभाव होना शुरू हो गया है। रिश्ते परस्पर मिलते रहने से मजबूत होते हैं और आभासी जीवन में मिलना जुलना सिर्फ इन्टरनेट पर होता है। इंसान भी मशीन बनता जा रहा है जिसमें भावनाओं का विलोप होता जा रहा है।

- इसके बढ़ते असर की वजह से हमारी संस्कृति तो बदली ही है, परिवार व विवाह के अर्थ भी बदल गए हैं। लोग बिना–सोचे समझे किसी भी मैसेज को फॉरवर्ड कर देते

हैं। इसका नतीजा कई बार घातक हो जाता है। इसका गलत तरीके से उपयोग कर ऐसे लोग दुर्भावनाएं फैलाकर लोगों को बांटने की कोशिश करते हैं। इसके माध्यम से भ्रामक और नकारात्मक जानकारी साझा की जाती है जिससे कि जनमानस पर प्रतिकूल प्रभाव पड़ता है। इसके जरूरत से ज्यादा इस्तेमाल से लोगों की एकाग्रता प्रभावित होती है और कामकाजी समय का भी नुकसान होता है। इसके अलावा इस मीडिया पर पहचान चुराने, साइबर फ्रॉड, साइबर बुलिंग, हैकिंग और वाइरस हमले की घटनाएं भी बढ़ गई हैं, जो इसकी नकारात्मकता का एक बड़ा पहलू है।

• यह अंतर्जाल की आभासी दुनिया हमें भीड़नुमा रिश्ते दे रही है। उसकी आत्मीयता और विश्वास टटोलने में भी हमारा बहुत सारा वक्त जाया हो जाता है। दुखद है कि युवा वर्ग इसका सबसे ज्यादा शिकार हो रहा है। दुख की वजह है, आभासी दुनिया में उसका अपनों के बीच अकेलापन। व्हाट्सअप, फेसबुक, ट्विटर, हाईक तरह—तरह के माध्यमों ने सुरसा की तरह अपने में समेट लिया है। उस दुनिया में कहने को रिश्ते तो हजारों हैं लेकिन सुख—दुख के कितने। कई बार उन रिश्तों

के सही नाम, सही चेहरे का तो हमें पता भी नहीं होता है।

- यदि देखा जाये तो शहरी परिवारों में सोशल मीडिया रिश्तों की संस्कृति को नए सिरे से परिभाषित कर रहा है। लोगों को यह समझना होगा कि इंटरनेट का मतलब सिर्फ सोशल मीडिया ही नहीं है। यह सूचनाओं का भंडार है। ऐसे में सोच–समझ कर परंपरागत रिश्तों के साथ तालमेल बिठा कर इसका इस्तेमाल करना ही बेहतर है। सोशल मीडिया का दुष्प्रभाव अब परिलक्षित होने लगा है। इसकी जानकारी को किसी भी प्रकार से तोड़–मरोड़कर पेश किया जाना। किसी भी जानकारी का स्वरूप बदलकर वह उकसावे वाली बनाया जाना, जिसका वास्तविकता से कोई लेना–देना न हो।

- रामचंद्र शुक्ल, नंददुलारे वाजपेयी, रामविलास शर्मा, नामवर सिंह के वक्त की तरह आज आभासी दुनिया ने कविता–कुकविता के फर्क को समर्थ, लोकस्वीकार्य आलोचना से वंचित कर दिया है। साधना का स्वर भी मद्धिम पड़ा है। आज मुक्तिबोध की तरह अपने लिखे को भला कितने रचनकार बार–बार स्वयं

सुसंपादित करना चाहते हैं। जीवन की इस सच्चाई ने आभासी दुनिया को भी उसी तरह के भेड़िया धसान के हवाले छोड़ दिया है। आज हजारों पत्र–पत्रिकाएं निकल रही हैं, ई–पत्रिकाएं भी कम नहीं हैं, लेकिन उसी रफ्तार से लिखने वालों की अलग–अलग जमातें बनती जा रही हैं। इसके पीछे आत्ममुग्धता के साथ धैर्य की कमी भी दिखती है। यदि कुछ है, तो सिर्फ जल्दी से प्रसिद्ध होने की बेचौनी। फलतः यहाँ साहित्य के नाम पर कचरे की भरमार होता जा रहा है, जो इसका नकारात्मक पहलू है।

- सोशल मीडिया एक ऐसा प्लेटफॉर्म है जो आपको लिखने की पूरी आजादी देता है। लेकिन कुछ लोग इसका गलत इस्तेमाल कर रहे हैं। इस प्लेटफॉर्म पर पोस्ट होने वाले संदेशों की कोई जांच नहीं होती है, इसी का फायदा उठाकर कुछ लोग सोशल मीडिया को अपना हथियार बना रहे हैं। साथ ही अपने एजेंडे को कामयाब बनाने के लिए नए–नए हथकंडे अपना रहे हैं। ऐसे लोग कभी फर्जी वीडियो के माध्यम से पब्लिक को निशाना बनाते हैं तो कभी फर्जी आंकड़ों के जरिये लोगों को बहकाने का काम करते हैं। ऐसे लोगों की सोशल

मीडिया में अच्छी खासी तादाद है। यही कारण है, कि फेसबुक ने मई 2018 में 59 करोड़ फर्जी अकाउंट डिलीट किए हैं।

- बीते समय में सांप्रदायिक हिंसा, दंगों, अफवाह फैलाने के मामले में सोशल मीडिया के माध्यम का दुरुपयोग सामने आया। इससे चेतने और सतर्क रहने की जरूरत है क्योंकि बीते समय में इसके भयावह दुष्परिणाम सामने आ चुके हैं। कुछ समय पहले बेंगलुरु में उत्तर पूर्वी राज्यों के युवाओं के साथ जो व्यवहार सामने आया, उसमें इस माध्यम का जमकर दुरुपयोग हुआ।

वहीं, पंजाब सहित कुछ राज्यों में आतंकवाद फैलाने के लिए सोशल मीडिया का इस्तेमाल किया गया जोकि देश की आंतरिक सुरक्षा के लिए बड़ी चुनौती बन गया। पंजाब में फेसबुक पर 1984 सिख दंगे की भड़काऊ कहानी डालनी शुरू कर दी गई थी। उन संदेशों में सिखों पर जुल्म करने वाले और दंगे को आरोपी नेताओं की हत्या के लिए एकजुट होने का आह्वान था। ऐसे संदेश यदि इस मंच पर साझा किए जाएंगे तो समझा जा सकता है कि इसके परिणाम क्यों होंगे।

- हाल के कुछ दंगों को लेकर सोशल मीडिया पर कुत्सित विचार रखने वाले कुछ लोगों ने जमकर अफवाह उड़ाया, जिसका परिणाम भी इस सभ्य समाज के लिए किसी मायने में अच्छा नहीं कहा जा सकता है। उत्तर प्रदेश, बिहार, राजस्थान, तमिलनाडु, कर्नाटक और मध्य प्रदेश जैसे राज्यों में सांप्रदायिक तनाव भड़काने की कई घटनाएं सामने आईं और सोशल साइट्स जमकर कमेंट्स आए। इस तरह के गंभीर खतरे को लेकर पैनी नजर रखने की जरूरत है और सरकार को इस दिशा में जल्द एक कारगर कानून बनाना चाहिए। संवेदनशील इलाकों में नेटवर्किंग से कुछ तत्वों की ओर से साइबर हमले की आशंका हमेशा बनी रहती है। शरारती तत्व इस माध्यम का इस्तेमाल समस्या पैदा करने के लिए करते हैं, जिसे रोकने की आवश्यकता है।

- पिछले साल सोशल मीडिया का इस्तेमाल कर निहित स्वार्थी तत्वों ने बेंगलुरु रह रहे पूर्वोत्तर के लोगों में भय पैदा कर दिया था। हाल में उत्तर प्रदेश के मुजफ्फरनगर में हुए दंगों के दौरान भी इसी तरह सोशल मीडिया का दुरुपयोग किया गया था।

मुजफ्फरनगर दंगे के दौरान सांप्रदायिक तनावों को भड़काने वाले संदेश और वीडियो क्लिप अपलोड किए गए। कुछ साइटों पर होने वाले दुष्प्रचार के कारण पैदा होने वाले ऐसे हालात की कड़ी निगरानी करनी चाहिए।

यही कारण है, कि इसमें समाज के विकास की कथा, विकास पर जारी विमर्श से ध्यान भटकाने की खामी परिलक्षित होती रही है। यह देखा जा रहा है, कि इसमें पूरे समाज का ध्यान आम जनता के सामने पेश होने वाले मुद्दों और समस्याओं से भटकाने की भी जबरदस्त ताकत है। पहले खबरें पाठकों तक पहुंचने से पहले पत्रकारों के पास पहुंचती थीं। आज खबरें कई बार पत्रकारों तक पहुंचने से पहले सीधे लोगों तक पहुंचती है। इससे लोगों को अपुष्ट खबरें मिल रही हैं। झूठ और उकसाने वाली खबरें फैलाने के लिए सोशल मीडिया का बड़े पैमाने पर दुरुपयोग किया जा रहा है जिससे सामाजिक सौहार्द्र, कानून एवं व्यवस्था की स्थिति और देश की एकता पर विपरीत असर पड़ रहा है।

यहाँ कंटेंट का कोई मालिक न होने से मूल स्रोत का अभाव हो जाता है। प्राइवेसी पूर्णतः भंग हो जाती है। फोटो या वीडियो की एडिटिंग करके भ्रम फैलाया जाता हैं जिनके व्दारा कभी–कभी दंगे

जैसी आशंका भी उत्पन्न हो जाती है। सायबर अपराध सोशल मीडिया से जुड़ी सबसे बड़ी समस्या है।

सोशल साइट्स की लत के कारण यदि आपकी रोजाना की जिंदगी में महत्वपूर्ण काम प्रभावित हो रहा हो, तो घबराने की कोई जरूरत नहीं। इंटरनेट पर कुछ टूल्स ऐसे मौजूद हैं, जो आपको अपने काम के प्रति फोकस रखती हैं। जानिए उन टूल्स और ऐप्लीकेशन के बारे में–

सोशल साइट्स की लत छुड़ाने वाले टूल्स–

सेल्फ कंट्रोल

सोशल मीडिया की लत को खत्म करने के लिए इंसान को पहले अपने पर नियंत्रण की जरूरत है। इसी में आपकी मदद करता है सेल्फ कंट्रोल टूल। ये एक फ्री टूल है लेकिन इसे मैक पर ही इस्तेमाल किया जा सकता है।

इस टूल के जरिए आप अपने पीसी पर सोशल मीडिया साइट्स जैसे फेसबुक, ट्विटर आदि को ब्लॉक कर सकते हैं। इस दिशा में यह साइट ब्लॉकर्स सबसे अच्छी साइट्स में से एक है।

फ्रीडम

सेल्फ कंट्रोल टूल की तुलना में फ्रीडम टूल बहुत ज़्यादा लोकप्रिय नहीं है लेकिन एक कारगर है। मैक के साथ ये आपके दूसरे पीसी पर भी चल सकता है। आईफोन और आईपैड पर भी ये काफी कारगर साबित हुआ है। आप इसका फ्री ट्रायल ले सकते हैं।

स्टे फोकस्ड

ये गूगल क्रोम का एक एक्सटेंशन है। इसके जरिए आप कुछ वक्त के लिए अपने पीसी पर सोशल साइट्स को ब्लॉक कर सकते हैं। एक बार ब्लॉक होने के बाद, तय समय पूरा होने पर ही आप दोबारा सोशल साइट्स खोल पाएंगे।

लीचब्लॉक

फायरफॉक्स का ये एक्सटेंशन फ्री में उपलब्ध है। इसके जरिए आप कुछ तय समय या दिन के लिए साइट्स को ब्लॉक कर सकते हैं। हर दिन कुछ घंटे के हिसाब से आप अगर साइट्स ब्लॉक करना चाहते हैं, तो ये सुविधा भी लीच ब्लॉक देता है।

रेस्क्यू टाइम

आपके टाइम को बचाने के लिए इंटरनेट पर एक और टूल मौजूद है जिसका नाम है रेस्क्यू टाइम टूल। ये टूल पता लगाता है कि आप कितना वक्त कहां जाया करते हैं। इसके अलावा आपका मोबाइल और मीटिंग में कितना समय जाता है, ये भी ट्रैक होता है। इसके जरिए आप टाइम गोल भी तय कर सकते हैं।

OOO

सोशल मीडिया मार्केटिंग और trolling बिजनेस

सोशल मीडिया पर trolling एक नए बिजनेस या नौकरी के रूप में सामने आया है जहां अधिकांश कार्य और कमाई अप्रत्यक्ष रूप से कुछ हद तक अनैतिक रूप से होती है। इसके लिए जो लोग लगाए जाते हैं उन्हें ट्रोलिंग आर्मी का नाम दिया गया है। कुछ कंपनियां, राजनीतिक दल और सरकारें सोची–समझी रणनीति के तहत ट्रोल्स की फौज खड़ी कर देती हैं ताकि उनके खिलाफ सोशल मीडिया में कोई निगेटिव राय न बन पाए।

हार्वर्ड यूनिवर्सिटी के पॉलिटिकल साइंटिस्ट गैरी किंग का कहना है कि पूरी दुनिया में प्रायोजित और आर्गेनाइज्ड किस्म की trolling का चलन बहुत तेजी से बढ़ रहा है।

कहां से आया ट्रोल शब्द

स्कैंडेनेविया की लोक-कथाओं में एक ऐसे बदशक्ल और भयानक जीव का जिक्र आता है, जिसकी वजह से राहगीर अपनी यात्रा पूरी नहीं कर पाते थे। इस विचित्र जीव का नाम ट्रोल था। इंटरनेट की दुनिया में ट्रोल का मतलब उन लोगों से होता है, जो किसी भी मुद्दे पर चल रही चर्चा में कूदते हैं और आक्रामक और अनर्गल बातों से विषय को भटका देते हैं। अगर ये नहीं तो फिर इंटरनेट पर दूसरों को बेवजह ऐसे मामले में घसीटते हैं, जिससे उन्हें मानसिक परेशानी हो।

अंग्रेजी में ट्रोल शब्द संज्ञा और क्रिया दोनों रूपों में इस्तेमाल किया जाता है लेकिन व्याकरण से परे सोशल मीडिया इस्तेमाल करने वालों के लिए ट्रोल का सीधा मतलब सिरदर्द और अपमान है।

ट्रोलिंग की मानसिकता क्या होती है?

आखिर ट्रोल कौन लोग होते हैं और वे क्यों अपना सारा कामकाज छोड़कर औरों के पीछे क्यों पड़े

होते हैं? पूरी दुनिया में इस सवाल के मनोवैज्ञानिक और समाजशास्त्रीय पहलुओं पर बात हो रही है।

मनोवैज्ञानिकों की मानें तो जो मानसिकता बिना बात चलती ट्रेन पर पत्थर फेंकने वालों की होती है या पुराने जमाने में ब्लैंक–कॉल करके लोगों को परेशान करने वालों की होती थी, लगभग वही मनोवृति एक ट्रोल की भी होती है। कई मनोवैज्ञानिक इस प्रवृति को आइडेंटिटी क्राइसिस से जोड़कर देखते हैं। पहचान के संकट से जूझ रहे लोग अक्सर, ये रास्ता अपनाते हैं ताकि उन्हें समाज का अटेंशन मिल सके। कई बार लोग, संस्थाएं या राजनीतिक पार्टियां अपनी बेहतर इमेज बनाने के लिए सोशल मीडिया मार्केटिंग कंपनियों को नियुक्त करती हैं। साथ ही कई बार किसी की (प्रतिद्वंदी) छवि बिगाड़ने के लिए इन कंपनियां को कांट्रेक्ट दिया जाता है। यह कांट्रेक्ट कुछ हजार से लेकर लाखों या कभी कभी करोड़ तक के भी हो सकते हैं। ट्रोलिंग का सबसे ज्यादा इस्तेमाल राजनीतिक पार्टियों द्वारा और कभी कभी कॉरपोरेट इंडस्ट्री द्वारा किया जाता है।

हालांकि यदि आप किसी ट्वीट या पोस्ट के विरोध में अपनी प्रतिक्रिया सही तरीके से सभ्य भाषा और सही तथ्यों के साथ देते हैं, तो यह ट्रोलिंग नहीं है, लेकिन जब आप गलत उद्देश्य से

किसी व्यक्ति विशेष की छवि बनाने या बिगाड़ने के लिए ट्रोल करते हैं और ट्रोल की भाषा एवं उसमें दिए तथ्य आपत्तिजनक हैं तो यह क्रिमिनल एक्टिविटी के दायरे में आ जाता है।

शब्दों के चयन पर खास जोर दिया जाता है

ट्रोल करने वाले ज्यादातर जल्दबाजी में काम करते हैं। क्योंकि उन्हें एक ही पोस्ट को कई अकाउंट या पेज पर शेयर करना होता है। ऐसे में उनके द्वारा चयन पर खास जोर दिया जाता है। संबंधित व्यक्ति या विषय से जुड़े कुछ शब्द निर्धारित कर लिए जाते हैं। जिन्हें देखते ही सोशल मीडिया पर ट्रोल का सिलसिला शुरू हो जाता है।

कंप्यूटर रोबोट का भी होता है इस्तेमाल

सिर्फ व्यक्तियों के द्वारा ही नहीं तकनीक के माध्यम से भी ट्रोलिंग या साइबर बुलिंग की घटनाएं होती हैं। हालांकि इन्हें रोकने के लिए सोशल मीडिया साइट्स प्रयासरत रहती हैं। लेकिन फिर भी कंप्यूटर रोबोट से ट्रोलिंग की प्रक्रिया भारत में भी अछूती नहीं रही है।

क्षेत्रीय राजनेता भी सोशल मीडिया मार्केटिंग में उतरे

आगामी 2019 चुनावों के मद्देनजर सोशल मीडिया मार्केटिंग का प्रयोग बढ़ चुका है। लोगों खासकर

युवाओं के बीच सोशल मीडिया की बढ़ती लोकप्रियता के कारण कोई भी पार्टी इसे नजरअंदाज नहीं कर सकती है। ऐसे में स्थानीय राजनेताओं एवं पार्टियों द्वारा भी इस दिशा में कार्य किया जा रहा है।

आपत्तिजनक ट्रोल में मिल सकती है सजा

हालांकि सोशल मीडिया मार्केटिंग अपराध नहीं है, लेकिन यदि इसके लिए अभद्र भाषा, धमकी या किसी भी तरह के आपत्तिजनक ट्रोल का इस्तेमाल किया जाता है, तो वह साइबर क्राइम की श्रेणी में आता है। जिसके लिए सजा का प्रावधान है। राजनीतिक पार्टियों द्वारा सोशल मीडिया मार्केटिंग का इस्तेमाल किया जाता है लेकिन इसके लिए यदि कोई फेक अकाउंट बना रहा है तो उसे सजा मिल सकती है।

सोशल मीडिया पर तेजी से बढ़ी है ट्रोलिंग की घटनाएं

सोशल मीडिया पर ट्रोलिंग की घटनाएं काफी तेजी से बढ़ रही हैं। आम हो या खास सभी ट्रोलिंग की चपेट में आ रहे हैं। फेसबुक या ट्विटर पर एक्टिव लोग ट्रोलिंग की घटनाओं से डिप्रेशन के भी शिकार हो रहे हैं। मनोचिकित्सक कहते हैं कि ट्रोलिंग के कारण परेशानी हद तक बढ़ जाती है। कई बार लोग डिप्रेशन में चले जाते

हैं, जिससे बाहर निकलना मुश्किल हो जाता है। ट्रोलिंग स्कूल से लेकर कॉलेज में भी किया जाता है। यहां तक की कई बार लोग जाने अनजाने में घर के सदस्य भी कर बैठते हैं। यह समस्या काफी तेजी से बढ़ रही है। अधिकतर युवा ट्रोलिंग का आसान शिकार बन रहे हैं। महिलाएं भी चपेट में आ रही हैं। पिछले दिनों बॉलीवुड अभिनेता वरुण धवन भी कह चुके हैं कि वह ट्रोलिंग से प्रभावित होते हैं।

ट्रोलिंग को जानिए

ट्रोल या ट्रोलिंग सोशल साइट्स की भाषा है, जिसका हिंदी में अनुवाद होता है कांटा लगाकर मछली पकड़ना। ट्रोलिंग करना भी एक तरह से ऐसा ही करना है। इंटरनेट की दुनिया में ट्रोल का मतलब उन लोगों से होता है, जो किसी भी मुद्दे पर चल रही चर्चा में कूदते हैं और आक्रामक और अनर्गल बातों से विषय को भटका देते हैं। नहीं तो फिर इंटरनेट पर दूसरों को बेवजह ऐसे मामले में घसीटते हैं, जिसे उन्हें मानसिक परेशानी हो।

ये होते हैं ट्रोलिंग में शामिल

मनोचिकित्सक के अनुसार तीन तरह के व्यक्तित्व वाले लोग ट्रोलिंग में शामिल होते हैं। पहला नारस्थैटिक व्यक्तित्व। इसमें इंसान घर में अपना

वजूद नहीं साबित कर पाता व अपनी संतुष्टि के लिए लोगों को ट्रोलिंग करता है। दूसरा साइकोपैथिक यानी असामाजिक प्रवृति के लोग जिनका जीवन परिवार में अभावग्रस्त जैसे भावनात्मक रूप से उपेक्षित व आर्थिक रूप से सबल रहने के बावजूद माता–पिता का देखभाल सही तरीकों से नहीं करना। बड़े होने पर यही लोग गली मुहल्लों में छेड़छाड़ व अब सोशल मीडिया में ट्रोल कर संतुष्ट हो रहे हैं। तीसरे वे लोग हैं, जो सामाजिक विचलन के शिकार हैं, जिन्हें सैडिस्म कहते हैं। ऐसे लोग दूसरों को सताने में खास तौर पर विपरीत लिंग के लोगों या उम्र में छोटे को अमर्यादित टिप्पणी या भद्दे कमेंट कर संतुष्ट होते हैं।

सख्त सजा का प्रावधान किये जाने की सिफारिश

2009 में तत्कालीन डॉ मनमोहन सिंह सरकार द्वारा बनाये गये सूचना तकनीकी कानून के अनुच्छेद 66ए में पुलिस को कंप्यूटर या किसी भी अन्य प्रकार के साधन द्वारा भेजी गयी किसी भी ऐसी चीज के लिए भेजने वाले को गिरफ्तार करने का अधिकार दे दिया गया था, जो उसकी निगाह में आपत्तिजनक हो। पुलिस ने इस अनुच्छेद का इस्तेमाल करके अनेक प्रकार के मामलों में गिरफ्तारियां की, इसलिए इसे सुप्रीम कोर्ट ने 2015 में असंवैधानिक करार देते हुए रद्द कर दिया। केंद्र

सरकार ने इस मामले की तह तक जाने के लिए एक विशेषज्ञ समिति का गठन किया। इस समिति की रिपोर्ट भी अब आ गयी है और उसने भारतीय दंड संहिता, फौजदारी प्रक्रिया संहिता और सूचना तकनीकी कानून में संशोधन करके सख्त सजाओं का प्रावधान किये जाने की सिफारिश की है। एक सिफारिश यह भी है कि किसी भी किस्म की सामग्री द्वारा नफरत फैलाने के अपराध के लिए दो साल की कैद या पांच हजार रुपये जुर्माना या फिर दोनों की सजा निर्धारित की जाए। भय या आशंका फैलाने या हिंसा के लिए उकसाने के लिए भी एक साल की कैद या पांच हजार रुपये या फिर दोनों की सजा की सिफारिश की गयी है।

यह भी की गयी है कोशिश

फेसबुक, ट्विटर, यूट्यूब और माइक्रोसॉफ्ट ने यूरोपियन कमीशन्स कोड ऑफ कंडक्ट में यह कमिटमेंट किया है कि किसी भी अकाउंट्स से अगर कोई अभद्र टिप्पणी की जाती है, तो 24 घंटे के अंदर वो ऐसे कमेंट्स को अपने प्लेटफॉर्म से हटा देंगे। किताबों में भी है जिक्र पत्रकार स्वाति चतुर्वेदी ने आइएमए ट्रोल नामक किताब में ट्रोलिंग यानी किसी व्यक्ति को निशाना बनाकर उसके बारे में आपत्तिजनक टिप्पणियां करना और उसका चरित्रहनन करना, के लिए इस्तेमाल किये जाने का विस्तार से वर्णन, व्याख्या विश्लेषण किया था।

फाली नरीमन व हरीश सालवे जैसे विधिवेत्ता ने भी सोशल मीडिया को अभिशाप माना है।

सोशल मीडिया का रिश्तों पर प्रभाव

फेसबुक, ट्विटर जैसी सोशल नेटवर्किंग वेबसाइट्स और विभिन्न ऐप्लीकेशन आज लोगों की जिंदगी का हिस्सा बन गए हैं। यदि इन सभी से आदमी थोड़ी देर के लिए भी दूर होता है तो वह बेचैन हो जाता है। सोशल मीडिया ने लोगों के संबंधों में दखल किया है। यह अधिकांश लोगों के जीवन का हिस्सा बन चुकी हैं। शुरूआत में इस तरह की वेबसाइटों ने आपसी संबंधों को मजबूती दी, लेकिन अब आकर यह रिश्तों में समस्या पैदा करने का भी कारण बन गई हैं।

आज हर उम्र के लोग फेसबुक और ट्विटर जैसी सोशल नेटवर्किंग साइट से जुड़े हैं। सोशल नेटवर्किंग का दौर माई स्पेस से शुरू होकर फेसबुक व ट्विटर तक पहुंच चुका है। पहले इन साइट्स का इस्तेमाल पुराने स्कूल के दोस्तों को खोजने और परदेश में रह रहे रिश्तेदारों से संपर्क बनाने के लिये किया जाता था।

हाल के वर्षों में इन्होंने हमारे करीबी संबंधों के सभी पहलुओं को घेर लिया है, विशेष रूप से हमारे जीवन और संबंधों को। फेसबुक और ट्विटर

लोगों को उनके दोस्तों व रिश्तेदारों की पसंद–नापसंद और सामाजिक दायरे से जोड़ता है। इस पूरे कार्यक्रम में कोई प्रत्यक्ष वार्तालाप या मुलाकात शामिल नहीं होती है।

फेसबुक पर किसी के बारे में लोग राय उसके द्वारा साझा की गई पोस्ट और टिप्पणियों के आधार पर करते हैं।

तेजी से लोकप्रिय हो रहा है पुलिस का सोशल मीडिया, पब्लिक से बढ़ा संवाद

सोशल मीडिया ट्विटर, फेसबुक एवं इन्स्टाग्राम पर दी जा रही महत्वपूर्ण सूचनाओं के परिणाम स्वरूप इन अकाउन्ट्स की लोकप्रियता निरंतर बढ़ती जा रही है। पुलिस ने आमजन के साथ सूचनाओं के त्वरित सम्प्रेण एवं पुलिस सूचना तंत्र को सुदृढ़ करने की दृष्टि से सोशल मीडिया पर अपनी सक्रियता शुरू कर दी है। पुलिस ने आमजन के साथ सोशल मीडिया के माध्यम से आवश्यक जानकारियां शेयर करना प्रारम्भ किया है।

सोशल मीडिया पर पुलिस की मौजूदगी से पुलिस की आउटरीच बढ़ने के साथ ही पुलिस का आमजन से संवाद भी बढ़ रहा है। पुलिस की सभी इकाईयां सोशल मीडिया पर अपनी उपस्थिति दर्ज करवा रही है। सोशल मीडिया पर उपस्थिति के

परिणाम स्वरूप पुलिस की इकाईयां सोशल मीडिया की गतिविधियों पर नजर भी रख रही है। सोशल मीडिया आपराधिक गतिविधियों के अनुसंधान के साथ ही खुफियां जानकारी जुटाने की दृष्टि से भी उपयोगी भूमिका निभा रहा है।

पुलिस के सोशल मीडिया पर अलग–अलग दिनों में अलग–अलग विषयों पर आमजन के उपयोग को ध्यान में रखते हुए सूचनाओं का सम्प्रेषण किया जाता है। हेल्पलाइन के सम्बन्ध में सूचनाएं दी जाती है। इन हेल्पलाइन सूचनाओं में पुलिस की विभिन्न हेल्पलाइन्स के साथ ही एम्बुलैन्स, फायर, हेल्थ, चाइल्ड हेल्पलाइन, एल्डर्स हेल्पलाइन इत्यादि के बारे में जानकारी दी जाती है। सामयिक विषयों पर सूचनाएं सम्प्रेषित की जाती है। महिलाओं से जुडे विभिन्न मुद्दों जैसे महिलाओं के अधिकार, महिला पुलिस, महिला सशक्तिकरण, महिला हेल्पलाइन, महिलाओं से सम्बन्धित विभिन्न कानूनों एवं महिलाओं द्वारा अर्जित विभिन्न उपलब्धियों पर आधारित जानकारी दी जाती है।

साइबर क्राइम के बारे जनचेतना जागृत करने के लिए पुलिस के सोशल मीडिया पर साइबर अपराधों पर आधारित सूचनाएं दी जाती है। इन **सूचनाओं में ऑनलाइन फ्रॉड व एटीएम ठगी** के बारे में सतर्क रहने के लिए आवश्यक जानकारियां उपलब्ध कराई जा रही है। पुलिस अपने सोशल

मीडिया पर यातायात नियमों, यातायात पुलिस इत्यादि के बारे में नवीनतम सूचनाएं उपलब्ध करवाती है। सामान्य घटनाओं के साथ ही पुलिस के शहीदों के बारे में सूचनाएं दी जाती है।

पुलिस के ट्विटर अकाउन्ट पर दी गई महत्वपूर्ण जानकारियों को विभिन्न स्तरों पर सराहा गया है। पिछले दिनों पुष्कर से गायब हुई फ्रेन्च युवती को अलवर पुलिस द्वारा तलाशे जाने के ट्विट को फ्रेन्च एम्बेसी ने भी लाइक किया। प्रधानमंत्री के फिटनेस चौलेंज को स्वीकार कर जिम में व्यायाम करने के ट्विट को भी व्यापक स्तर पर लाइक किया गया।

सोशल मीडिया ट्विटर, फेसबुक एवं इन्स्टाग्राम पर पुलिस द्वारा दी जा रही महत्वपूर्ण सूचनाओं के परिणाम स्वरूप इन अकाउन्ट्स की लोकप्रियता निरंतर बढ़ती जा रही है। पुलिस महानिदेशालय के साथ ही सभी जिला पुलिस अधीक्षकों के भी सोशल मीडिया अकाउन्ट्स लोकप्रिय हो रहे हैं।

OOO

सोशल मिडिया पर पकड़ बनाने में कारगर नई टेक्नोलॉजी

दुनिया की बात छोड़ें यदि भारत की ही बात की जाये तो यह स्थिति सामने आती है, कि भारत की सवा अरब जनसंख्या में लगभग 70 करोड़ लोगों के पास फोन हैं। इनमें से 25 करोड़ लोगों की जेब में स्मार्टफोन हैं। 15.5 करोड़ लोग हर महीने फेसबुक आते हैं और 16 करोड़ लोग हर महीने व्हाट्सऐप पर रहते हैं।

सूचना उत्पाद और सेवाएं तेजी से हमारे जीवन का एक प्रमुख घटक बन गई हैं, इसलिए सूचना प्रौद्योगिकी के हर क्षेत्र में दक्षता बढ़ाने की जरूरत

को महसूस किया जा रहा है। शक्तिशाली नई दुनिया में सूचना, संचार और संसाधनों तक व्यापक पहुँच शिक्षा, लोकतंत्रीकरण की प्रक्रिया और समग्र आर्थिक विकास की दुर्गम बाधाओं को दूर करने का एकमात्र समाधान है।

सोशल मिडिया में दक्षता बढ़ाने में कारगर टूल्स–

बफर

यह सोशल मीडिया शेड्यूलिंग सर्विसेज में से एक है, जिसके जरिये आप ट्विटर, फेसबुक, लिंक्ड इन और गूगल प्लस पेजों पर एक क्लिक से ही अपनी पोस्ट शेड्यूल कर सकते हैं। यह सर्विस पूरे दिन आपके सोशल मीडिया पेज पर चहल–पहल बनाए रखने में आपकी मदद करती है। लगातार आपकी सोशल मीडिया फीड्स में नए अपडेट होते रहते हैं। बफर आपकी पोस्ट्स की रीच के बारे में ऐनालिटिक्स भी उपलब्ध करवाती है ताकि आप अपने चर्चित कॉन्टेंट को पहचान सकें और री–पोस्ट कर सकें।

Bitly

यह एक बेहतरीन यूआरएल शॉर्टनिंग सर्विस है। सोशल मीडिया पोर्टल्स पर पोस्ट करने के लिए यह आपको छोटे यूआरएल देता है, जिससे आपकी

वॉल भरी–भरी नहीं लगती। इसके साथ ही, यह सर्विस आपको रियल टाइम ऐनालिटिक्स भी बताती है जिससे आप यह देख सकते हैं कि ऐक्चुअल क्लिक्स कितने आए हैं।

सबसे चौंकाने वाली बात यह है कि यह सर्विस मुफ्त में एक कस्टम डोमेन नेम के यूज को सपोर्ट करती है और सभी जरूरी लॉजिक भी लागू कर लेती है। आप अपने शॉर्ट यूआरएल को ठीक उसी तरह से ब्रांड कर सकते हैं जैसे द न्यू यॉर्क टाइम्स (nyti.ms) और द इकॉनमिस्ट (econ.st) में प्रयोग किया जाता है।

सोशल मेंशन

यह रियल–टाइम सोशल मीडिया सर्च और एनालिसिस टूल है, जो 100 से ज्यादा सोशल मीडिया साइट्स पर किसी कम्पनी के नाम, ब्रैंड, प्रॉडक्ट या सर्च टर्म का यूजर जेनरेटेड कॉन्टेंट इकट्ठा करता है।

इसे मार्केट का सबसे बेस्ट फ्री लिसनिंग टूल माना जाता है। यह मेट्रिक्स के साथ प्रासंगिक रिजस्ट्स देता है जिनमें युनीक ऑथर, रीच और मेंशन्स और टॉप कीवर्ड्स की फ्रीक्वेंसी शामिल होते हैं।

हूटस्वीट

यह एक अडवांस्ड सोशल मीडिया मैनेजमेंट टूल है, जिसे कई सोशल मीडिया अकाउंट्स को एक साथ मैनेज करने में सहायक सिद्ध होता है। यह ऑर्गनाइजेशन्स और पावर यूजर्स की मदद के लिए डिजाइन किया गया है।

यह ऑनलाइन सर्विस ट्विटर, फेसबुक, लिंक्डइन, गूगल प्लस पेज और दूसरे पॉप्युलर सोशल नेटवर्क्स पर काम करती है। यह पहले से चल रहे सोशल कैम्पेन्स की बारीकियां समझाने के लिए आपको विस्तृत रिपोर्ट्स उपलब्ध करवाता है। यह व्यक्तिगत स्तर पर एक फ्री सर्विस की तरह शुरू होती है। यहाँ बिजनस या पावर यूजर्स के लिए सब्स्क्रिप्शन के कई स्तर मौजूद हैं।

ट्वीपी

यह सिर्फ ट्विटर मैनेज करने का टूल है। यह उन फॉलोअर्स को पहचानने में मदद करता है जिन्होंने यूजर को अनफॉलो कर दिया है या जो यूजर इनैक्टिव हैं। यह किसी विशेष ट्विटर अकाउंट के फॉलोअर्स के जरिये अन्य रोचक यूजर्स भी ढूंढता है। इसका पेड वर्जशन स्मार्ट शॉर्टकट्स प्रोवाइड करवाता है जिससे यूजर बड़ी संख्या में यूजर्स को फॉलो और अनफॉलो कर सकता है। हजारों की

संख्या में फॉलोअर्स वाले ट्विटर अकाउंट्स को मैनेज करने के लिए यह टूल काफी अहम है।

ट्वीट डेक

यह अब ट्विटर के अधीन है। यह सिंगल स्क्रीन पर ट्विटर फीड्स को मॉनिटर और मैनेज करने के लिए एक वेब और डेस्कटॉप सल्यूशन है। ट्वीट डेक स्पेसिफिक कीवर्ड्स या शर्तों के आधार पर ठोस फिल्टर लगाता है। जरूरी चीजों पर ठीक से फोकस करने में मदद करने के लिए यह डिस्प्ले को कस्टमाइज कर किसी कॉलम को शो या हाइड करने की सुविधा भी देता है। ट्वीटडेक क्रोम, फायरफॉक्स, इंटरनेट एक्स्प्लोरर और सफारी ब्राउजर्स के लिए मौजूद है। यह विंडोज और मैक कमप्यूटर्ज दोनों पर ही काम करता है।

सोशलऊम्फ

यह वेब सर्विस सपोर्टेड सर्विसेज में प्रॉडक्टिविटी एन्हैंसमेंट देती है। इस लिस्ट में फेसबुक, ट्विटर, लिंक्डइन और प्लर्क के साथ–साथ वर्डप्रेस, ब्लॉगर, टम्बलर और मूवेबल टाइप जैसे ब्लॉग्स भी शामिल हैं। इस सर्विस में कुछ बेसिक फीचर फ्री हैं। सोशलऊम्फ के पेड वर्जशन से आप फेसबुक अपडेट्स और लिंक्डइन शेयर्स को शेड्यूल कर सकते हैं, फॉलोअर्स को ऑटोमैटिकली फॉलो कर

सकते हैं, महत्वपूर्ण ट्विटर फ्रेंड्स ढूंढ सकते हैं और ईमेल के जरिये ट्वीट भी कर सकते हैं।

स्प्राउट सोशल

यह मैनेजमेंट और एंगेजमेंट टूल से आप कई सोशल मीडिया अकाउंट्स पर एक लोकेशन से पोस्ट, मॉनिटर और ऐनालिसिस कर सकते हैं। यह सर्विस फेसबुक, ट्विटर, गूगल प्लस और लिंक्डइन के पर्सनल प्रोफाइल्स पर एक इनबॉक्स से ही मेसेज मॉनिटर करने की सुविधा देती है। 30 दिन के फ्री ट्रायल के बाद यह सर्विस पेड होजाती है। स्प्राउट सोशल रियल–टाइम ब्रैंड मॉनिटरिंग और कॉम्प्रिहेंसिव रिपोर्टिंग टूल भी ऑफर करती है जिससे यूजर्स महत्वपूर्ण मेट्रिक्स समझ सकें।

पेजमोडो

यह सोशल मार्केटिंग स्वीट छोटे व्यवसाय के फेसबुक पेज के लिए फटाफट लुभावने विजुअल्स क्रिएट करने में मदद करता है। इसके फीचर्स में फेसबुक पेज मैनेज करने और कस्टमाइज्ड, मनमोहक कवर फोटोज, विजुअल पोस्ट्स, यहां तक कि कॉन्टेस्ट के लिए टैब्स बनाने के टूल्स शामिल हैं। यह नई पोस्ट शेड्यूल के मुताबिक तत्काल लाइव हो जाती हैं और उन्हें फेसबुक,

ट्विटर, लिंक्डइन और दूसरे प्लैटफॉर्म्स पर शेयर किया जा सकता है।

सोशल ब्रो

यह व्यवसाय को ट्विटर ऑडियन्स को टारगेट करने व उनके साथ एंगेज होने में मदद करता है। यह फॉलोअर्स की टाइमलाइन ऐनालाइज कर रिपोर्ट्स जनरेट करता है (जैसे रीच और एंगेजमेंट बढ़ाने के लिए ट्वीट करने का सही टाइम), मुख्य प्रतिद्वंद्वियों और इन्फ्लुएंसर्स की पहचान करता है और सामान्य ऐनालिटिक बारीकियां उपलब्ध करवाता है। सोशल ब्रो को बफर या हूटस्वीट जैसे टूल्स के साथ यूज करना ज्यादा फायदेमंद होता है। 5000 से कम ट्विटर फॉलोअर्स वाले अकाउंट्स के लिए यह फ्री सर्विस है।

विज्ञान और तकनीकी के क्षेत्र में नए अविष्कारों ने लोगों की दैनिक जीवन—शैली को आधुनिक और उन्नत बनाने में महान भूमिका निभाई है। बहुत से क्षेत्रों में विज्ञान और तकनीकी की उन्नति ने लोगों के जीवन को प्राचीन समय से अधिक उन्नत बना दिया है। विज्ञान और तकनीकी की उन्नति ने एक तरफ लोगों की जीवन—शैली को प्रत्यक्ष और सकारात्मक रुप से प्रभावित किया है हालांकि, दूसरी ओर इसने लोगों के स्वास्थ्य पर अप्रत्यक्ष और नकारात्मक प्रभाव भी डाला है। इस आधुनिक

दुनिया में एक देश के लिए दूसरे देशों से मजबूत, ताकतवर और अच्छी तरह से विकसित होने के लिए विज्ञान और तकनीकी के क्षेत्र में नए अविष्कार करना बहुत आवश्यक है। इस प्रतियोगी समाज में, हमें आगे बढ़ने और जीवन में सफल व्यक्ति बनने के लिए अधिक तकनीकियों की जरुरत है।

वैज्ञानिकों ने अत्याधुनिक, अनेक गुणों वाले माइक्रोचिप के निर्माण की नयी तकनीक विकसित की है जो अगली पीढ़ी के कंप्यूटर की गति, दक्षता और क्षमता के क्षेत्र में क्रांतिकारी साबित हो सकती है। ब्रिटेन के एक्सेटर विश्वविद्यालय के अनुसंधानकर्ताओं ने परम्परागत तरीके की तुलना में चिप बनाने का अधिक आसान और किफायती तरीका विकसित किया है।

अनुसंधानकर्ताओं ने कहा है कि इस प्रगति से ऑप्टोइलेक्ट्रॉनिक सामग्रियों या उपकरणों के उत्पादन में क्रांति आ सकती है जो अगली पीढ़ी की नवीकरणीय उर्जा, सुरक्षा और रक्षा प्रौद्योगिकियों के लिहाज से महत्वपूर्ण हैं। एक्सेटर के ग्रैफीन विज्ञान केंद्र की अन्ना बाल्दीचेवा का मानना है, कि 'यह प्रगति कंप्यूटर इलेक्ट्रॉनिक्स के क्षेत्र में अहम नये अवयवों के विकास की दिशा में क्रांतिकारी साबित हो सकता है।' इस अध्ययन का प्रकाशन 'साइंटिफिक रिसर्च' जर्नल में हुआ है।

आने वाले दिनों में सोशल मीडिया के स्वरूप और भविष्य को लेकर तरह–तरह के कयास लगाये जा रहे हैं। पिछले कुछ वर्षों के अनुभव बताते हैं मीडिया का भविष्य और स्वरूप तेजी से बदलने का ये सिलसिला आने वाले सालों में भी जारी रहेगा।

मोबाइल उपभोक्ता को मिली सरकारी राहतें भी सोशल मीडिया के पनपने में बड़ी सहायक सिद्ध हो रही हैं। आम आदमी की दिनचर्या में सोशल मीडिया ने चुपके से प्रवेश कर लिया है, जैसे **मोबाइल मैप का उपयोग, ऑनलाइन ट्रेडिंग, ऑनलाइन खरीद–फरोख्त और भुगतान आदि,** ट्रेन, बस, प्लेन का आरक्षण, यहां तक कि सिनेमा की सीटों का आरक्षण और होटल–रेस्टोरेंट की बुकिंग आम बात होती जा रही है। सोशल मीडिया की हालत यह हो गई है कि अगर आप फेसबुक, ट्विटर आदि पर नहीं है तो आपको हैरत भरी नजरों से देखा जा सकता है। तकनीक दिनों दिन यूजर फ्रेंडली होती जा रही है।

दरअसल इन आंकड़ों में चौकाने वाला कुछ भी नहीं है। वास्तव में ग्लोबल खिलाड़ियों के लिए सोशल मीडिया एक बड़ा बाजार है जहां सूचना और मनोरंजन के व्यापार की अपार संभावनाएं हैं। क्योंकि आम भारतीय उपभोक्ता सूचना और

मनोरंजन को लेकर और अधिक जागरुक हुआ है। डिजिटल मीडिया की तकनीक ने उसके दरवाजे पर दस्तक दी है जबकि सोशल मीडिया बराबर इसके साथ सुर में सुर मिला रहा है, एक तरह से ये दोनों ही एक दूसरे के प्रतिपूरक हैं। यह लुभावनी जुगलबंदी लंबे दौर तक चलने वाली है।

यहां सूचनाओं की तेज बारिश तो है पर उन्हें जांचने, प्रमाणित करने और वस्तुगत आंकलन करने का कोई जरिया नहीं। नये मीडिया से जुड़े ऐसे मुद्दे भी हैं जो सीधे–सीधे कानूनी दायरे में आते हैं। हैकिंग, फर्जीवाड़ा, गलत पहचान, चित्रों और वीडियो के साथ खिलवाड, वित्तीय मामले, साइबरसेक्स, साइबरपोर्न, अवांछित भाषा–शैली, व्यक्ति विशेष, समुदाय या वर्ग की गरिमा का हनन जैसे खतरों से भी निपटने के लिए संभावित नये प्राविधान कितने प्रभावी हो सकेंगे, इसका उत्तर समय देगा।

OOO

सोशल मीडिया पर हिन्दी का प्रयोग

जब प्रिंट आया तो वाचिक संवाद की सर्वव्याप्तता घटी। जब रेडियो आया तो उसने लिखित और मुद्रित माध्यम को थोड़ा खिसका कर अपनी जगह बनाई। जब टेलीविजन आया तो बहुत से लोगों ने मुद्रित माध्यम के अवसान की घोषणा कर दी। उसका अवसान तो नहीं हुआ, लेकिन उसके विकास, प्रभाव और राजस्व पर सीधा प्रभाव पड़ा और आज भी पड़ता ही जा रहा है। अब सोशल मीडिया नाम के इस नए प्राणी ने संचार माध्यमों की दुनिया को फिर बड़े बुनियादी ढंग रो बदल दिया है। यह प्रक्रिया जारी है और कहां जाकर स्थिर होगी, यह कोई नहीं जानता।

सोशल मीडिया जैसे प्लेटफार्म की उपलब्धता जिस तकनीक के माध्यम से संभव हुई है वह है वेब 2.0 तकनीक। इस तकनीक ने सभी इंटरनेट यूजर्स को कंटेन्ट शेयर करने की आजादी प्रदान की है जो अभिव्यक्ति कि स्वतन्त्रता को और व्यापक स्थान सुलभ कराता है।

मुख्य रूप से वेब 2.0 ने प्रोजुमर की विचारधारा को जन्म दिया है, अर्थात प्रोड्यूसऱकंज्यूमर। अब कंज्यूमर के हाथ मे कंटेन्ट बनाने और दुनिया को उपलब्ध कराने का मौका मिल गया है।

हमारे देश मे भी यह मान्यता है कि एलीट क्लास की भाषा तो अंग्रेजी है जिसकी पहुँच नई तकनीक तक है, लेकिन यदि सोशल मीडिया की बात करें तो ये भाषायी प्रतिस्पर्धा बहुत कम नजर आती है।

सोशल मीडिया मे हिन्दी का क्रेज लगातार बढ़ रहा है। एक समय था जब सोशल मीडिया पर ज्यादातर अंग्रेजी भाषा का ही प्रयोग होता था, लेकिन बदलते वक्त के साथ हिन्दी भाषा ने सोशल मीडिया में अपनी उपस्थिती देकर अपने अस्तित्व को और भी बुलंद तरीके से स्थापित किया है। न केवल फेसबुक या ट्वटर, बल्कि अब वाट्सएप और टेक्स्ट मैसेज को भी सार्थक बनाने और मैसेज की ओर ध्यान आकर्षिकत करने के लिए विभिन्न कंपनियां तक हिन्दी भाषा का सहारा ले

रही हैं। वे जानती हैं कि हिन्दी भाषा का विस्तार काफी अधिक है और अगर उन्हें भी खुद को दूर तक स्थापित करना है तो वही भाषा चुननी होगी, जिसके प्रति पाठक या ग्राहक सहज और पारिवारिक महसूस करता हो। इसके लिए हिन्दी से अच्छा विकल्प और कोई हो ही नहीं सकता।

प्रधानमंत्री नरेन्द्र मोदी जी ने हमें एक नारा दिया, डिजिटल इंड़िया का। संचार के लिए इससे अच्छा युग कोई नहीं हो सकता है। पल भर में या फिर शायद उससे भी कम समय में दुनिया की हर जानकारी, चाहे छोटी हो या बड़ी हो, कोई भी जानकारी यहाँ उपलब्ध है।

प्रधानमंत्री जी का अमेरिका का भाषण बहुत चर्चित रहा, जिसमें इन्होंने कहा था कि "दुनिया हमे साप–सपेरे के देश के तौर पर जानती थी, पर आज दुनिया को यह एहसास हो गया हैं कि साप–सपेरे वाले लोग अभी उँगलियों से माउस को चलते हैं"।

एक पहेली थी कि ट्विटर केवल अंग्रेजी पढ़े लोगों के लिए है जो ज्यादातर भारत के शहरी इलाकों में मौजूद हैं। इसको कई वर्ष पहले भारत बनाम पाकिस्तान मैच के दौरान तोड़ दिया गया। भारतीय टीम के प्रशंसकों ने #जयहिन्द नामक ट्वीट को ट्रेंड करने का प्रयत्न किया और बड़े गर्व

के साथ हम आपको बताना चाहते है की ट्विटर #जयहिन्द के नाम से गूंज गया और यह डंका केवल भारत तक ही सीमित न रहकर पूरे विश्व में अचानक ही गूंज उठा। यही है हिन्दी की ताकत का एहसास।

ट्विटर की जनसँख्या में भारत तीसरे क्रमांक पर है यह पहले कभी नहीं हुआ, 17 प्रतिशत सोशल मीडिया का उपयोग करने वाले भारतीय ट्विटर हैं, परन्तु पहली बार यह हुआ की हिंदी #hashtag ने ट्विटर पर बवाल कर दिया और उसके दो दिन बाद दूसरा हिंदी hashtag #हरहरमहादेव भी ट्विटर पर ट्रेंड हुआ।

सोशल मीडिया पर हिन्दी भाषा को और भी विस्तारित करने का कार्य किया हिन्दी ब्लॉगर्स ने। हिन्दी ब्लॉगर्स की संख्या पिछले कुछ सालों में लगातार बढ़ी है। वहीं हिन्दी ब्लॉगिंग के जरिए ऐसे लोगों को विचारों की अभिव्यक्ति का बेहतरीन मंच मिला, जिनके लिए भाषा की रूकावट थी।

वर्तमान में फेसबुक, ट्वीटर, ब्लॉग्स के अलावा, सोशल मीडिया में हिन्दी को और भी बेहतर तरीके से विस्तारित करने में वॉट्सएप भी अग्रणी है, जिस पर हिन्दी सामग्री को प्रसारित करने के लिए हिन्दी भाषा का प्रयोग सर्वाधिक होता है। सोशल मीडिया पर जोक्स, मैसेज या अन्य सामग्री का

ज्यादा से ज्यादा प्रचलित और प्रसारित होने का कारण भी हिन्दी भाषा ही है, क्यों यह उपयोगकर्ता और पाठक को सीधे और सरलता से जोड़ने का कार्य करती है।

आज के बहुप्रचलित सोशल मीडिया के दौर में यह देखा जा रहा है, कि दुनिया के हर कोने में हिंदी भाषी अत्यधिक मात्र में मौजूद है। ऐसे में अगर हम विभिन्न भारतीय भाषाओं के बीच हिंदी को देखें तो एक बेहद जरूरी तथ्य यह उभर कर सामने आता है कि आप अगर देवनागरी या कि भाषा की अधिकृत लिपि में कुछ लिखते हैं तो वह अधिक पढ़ा जाता है और रोमन में लिखा हुआ कम।

कारण यह कि हम जिस भाषा से परिचित हैं, उसे उसकी लिपि में पढ़ने से ही उसकी अंतर्वस्तु अधिक ग्राह्य होती है और रोमन जैसी किसी अन्य लिपि में हमें न केवल पढ़ने में असुविधा होती है, बल्कि बहुधा अर्थ का अनर्थ होने की भी संभावना बनी रहती है। आज पूरी दुनिया में आप कहीं भी चले जाइये हिंदी कंप्यूटर पर यूनीकोड फोंट में कहीं भी अपनी बात लिखी–पढ़ी जा सकती है। हालांकि कंप्यूटर पर हिंदी के शुरुआती मुश्किल भरे दिनों में फोंट एक बड़ी समस्या हुआ करती थी। कुछ विश्व हिंदी सम्मेलनों में हिंदी में तैयार किए गए पावर प्वाइंट प्रजेंटेशन इसलिए बेकार

सिद्ध हो गए थे कि यहां से तैयार की गई सीडी में लोग फोंट ले जाना ही भूल गए थे।

अब मंगल यूनीकोड फोंट ने ऐसी तमाम समस्याओं से मुक्ति दिला दी है। कंप्यूटर बनाने वाली सभी कंपनियां अब पहले से ही मंगल फोंट लोड करके कंप्यूटर दे रही हैं।

भारत में उपलब्ध तमाम मोबाइल फोन भी या तो पहले से ही मंगल यूनीकोड फोंट के साथ आते हैं या उनमें आसानी से फोंट इन्स्टाल किया जा सकता है। पहले कुछ निजी कंपनियों ने और बाद में स्वयं भारत सरकार ने कंप्यूटर पर हिंदी फोंट में आसानी से लिखने के उपकरण तैयार किए थे। अब ये उपकरण इतने सहज और आसान बना दिए गए हैं कि बिना हिंदी टाइप जाने हुए भी आप रोमन से हिंदी में टाइप कर सकते हैं और उपकरण ऐसे हैं कि आपको एक शब्द के ही विविध रूप भी बता देते हैं कि आप अपनी पसंद से विकल्प वाला शब्द चुन सकते हैं।

संचार क्रांति के दौर में जब हिंदी में कंप्यूटर और इंटरनेट पर हिंदी में लिखने–पढ़ने की शुरुआत हुई तो ब्लॉग लेखन का जबर्दस्त उभार हुआ। निजी और सामूहिक ब्लॉग–लेखन ने वैकल्पिक पत्रकारिता की नींव डाली और आज भी ब्लॉग लेखन साहित्य, कला और संस्कृति का ही नहीं

जन पत्रकारिता का भी एक बड़ा माध्यम बना हुआ है।

यह एक तरह से अभिव्यक्ति के लोकतंत्र का विस्तार है, जिसमें मुख्यधारा की पत्रकारिता के बरक्स सामूहिक और जनतांत्रिक सरोकारों की बात संभव है। संचार क्रांति की यह बहुत बड़ी उपलब्धि है और ब्लॉग के बाद प्रचलित हुए फेसबुक, ट्वीटर, वाट्सऐप आदि सोशल मीडिया माध्यमों ने अभिव्यक्ति की इस जनतांत्रिकता को और विस्तार दिया।

आज सोशल मीडिया में फेसबुक और वाट्सऐप पर कई रचनात्मक और भाषाई समूह बन गए हैं, जहां दुनिया भर से लोग संवाद कर रहे हैं।

भाषा की दृष्टि से इस तरह की सामूहिकता एक नई भाषा को जन्म देती है, क्योंकि वहां नए–नए शब्द संवाद में आकर सहज हो रहे हैं। जैसे अवधी–भोजपुरी का 'मने' आज हिंदी में इतना सामान्य हो गया है कि लगता ही नहीं कि यह किसी स्थानीय बोली–बानी से आया है।

मोबाइल फोन पर वाट्सऐप में तो लगता है कि रचनात्मक क्रांति हो रही है। हजारों की तादाद में यहां समूह बने हुए हैं, जहां नियमित रूप से कविता, कहानी, लेख, यात्रा संस्मरण आदि पोस्ट

किए जाते हैं और उन पर लंबी बहसें तक होती हैं। यह तुरंता किस्म की बहसें संवाद का एक बड़ा प्लेटफॉर्म बना रही हैं।

इन समूहों में देशी–विदेशी ही नहीं भारतीय और स्थानीय भाषाओं से भी अनूदित रचनाएं पोस्ट की जाती हैं, जिससे हिंदी का एक नया वैश्विक स्वरूप बन रहा है।

OOO

और अंत मे–

सोशल मीडिया पर कुछ भी शेयर करने से पहले निम्न पहलुओं पर सोच लें :

किसी भी तरह के भड़काऊ पोस्ट का डालने से बचें। किसी भी खबर को शेयर करने से पहले यह जरूर जांच लें कि वह खबर सही है. और अगर हो सके तो किसी भी तरह की खबर को शेयर करने से बचें। सैनिकों के परिवार और उनके बारे में किसी भी तरह की पोस्ट डालने से बचें। जितना हो सके उतनी कोशिश करें कि किसी भी तरह की ऐसी जानकारी आपके पोस्ट में ना हो जो देश के दुश्मनों के हित में हो। धार्मिक और वैमनस्यता के पोस्ट ना डालें, आज का समय एकजुट होकर चलने का समय है। हमारी पहचान भारतीयता है धर्म नहीं। यकीन मानिए, फेसबुक, ट्विटर के लाइक और ट्वीट से कहीं ऊपर हमारा देश है, जिसे आज हमारी पहले से कहीं ज्यादा जरूरत है।

–लेखक

लेखक परिचय

डॉ रवीन्द्र प्रभात हिन्दी के मुख्य ब्लॉग विश्लेषक और सोशल मीडिया एक्सपर्ट हैं। इनकी हिन्दी साहित्य में सार्थक उपस्थिति के रूप में अनेकानेक उपलब्धियां हैं।

देश–विदेश के लगभग सभी प्रमुख पत्र–पत्रिकाओं में तथा दो दर्जन से अधिक सहयोगी संकलनों में उनकी 200 से ज्यादा रचनाएँ संकलित हैं। लगभग एक दर्जन से अधिक ग्रन्थों के वे सर्जक, संपादक तथा अनेक सम्मानों से विभूषित हिन्दी के लब्ध प्रतिष्ठ साहित्यकार हैं।

साथ ही शोध, समीक्षा, व्यंग्य, कविता, गजल, निबंध, हाइकू तथा लघुकथा के विशिष्ट और अग्रणी हस्ताक्षर हैं। सुप्रसिद्ध समीक्षकों के द्वारा उनके अनेकानेक शोधात्मक, समीक्षात्मक आलेख प्रकाशित किए जा चुके हैं। देश की अनेक संस्थाओं तथा पत्रिकाओं के वे संरक्षक हैं और अनेक राष्ट्रीय, अंतर्राष्ट्रीय संदर्भ–ग्रन्थों, कोश ग्रन्थों, इतिहास ग्रन्थों में उनके परिचय

प्रकाशित हुये हैं। विकिपीडिया पर 48 भाषाओं में उनके परिचय प्रकाशित हैं।

इनके एक काव्य संग्रह "स्मृति शेष", दो गजल संग्रह क्रमशः "हमसफर" एवं "मत रोना रमजानी चाचा", पाँच उपन्यास क्रमशः "ताकि बचा रहे लोकतन्त्र", "प्रेम न हाट बिकाए", "धरती पकड़ निर्दलीय", "लखनौआ कक्का" और "कश्मीर 370 किलोमीटर" तीन संपादित पुस्तक क्रमशः "समकालीन नेपाली साहित्य", "हिन्दी ब्लॉगिंगः अभिव्यक्ति की नई क्रान्ति" और "हिन्दी के विविध आयाम" (राष्ट्रीय और अंतर्राष्ट्रीय परिप्रेक्ष्य मे) तथा दो हिन्दी ब्लॉगिंग पर आधारित आलोचना की पुस्तक "हिन्दी ब्लॉगिंग का इतिहास" प्रकाशित है।

उन्हें साहित्य एवं ब्लॉगिंग में उल्लेखनीय योगदान के लिए क्रमशः "ब्लॉगश्री", "ब्लॉग विभूषण" के साथ—साथ "संवाद सम्मान" (वर्ष 2009), "प्रबलेस हिन्दी चिट्ठाकारिता सम्मान" (वर्ष 2010), "बाबा नागार्जुन जन्मशती कथा सम्मान" (वर्ष 2011), "साहित्यश्री सम्मान" (वर्ष 2012) आदि सम्मानों से विभूषित और समादृत किया जा चुका है। उनके व्यक्तित्व और कृतित्व पर आधारित डॉ सियाराम की शोध पुस्तक

"रवीन्द्र प्रभात की परिकल्पना और ब्लॉग आलोचना कर्म" अभी हाल ही प्रकाशित हुआ है। लखनऊ से प्रकाशित हिन्दी दैनिक "जनसंदेश टाईम्स" और "डेली न्यूज एक्टिविस्ट" के नियमित स्तंभकार रह चुके हैं, व्यंग्य पर आधारित साप्ताहिक स्तंभ "चौबे जी की चौपाल" काफी लोकप्रिय रहा है। हिन्दी ब्लॉग आलोचना का सूत्रपात करने वाले तथा हिन्दी ब्लॉगिंग का इतिहास लिखने वाले वे पहले इतिहासकार हैं।

वे ब्लॉग साहित्यिक पुरस्कार "परिकल्पना सम्मान" के संस्थापक, साहित्यिक संस्था "परिकल्पना" के "महासचिव" तथा मासिक पत्रिका "परिकल्पना समय" www.parikalpnasamay.com के प्रधान संपादक हैं।

संपर्कः प्रधान संपादकः परिकल्पना समय (हिन्दी मासिक), एस० एस० 107, सेक्टर—एन—1, संगम होटल के पीछे, अलीगंज, लखनऊ—226024 (उ.प्र.), **मोबाइल नंबरः** 09415272608 तथा **ईमेल संपर्क**—ravindra.prabhat@gmail.com

OOO